Les manuscrits français de la bibliothèque Parker

Parker Library
Corpus Christi College
Cambridge

Actes du Colloque
24-27 mars 1993

Etudes recueillies
par
NIGEL WILKINS

Parker Library Publications

Corpus Christi College
CAMBRIDGE

© 1993

ISBN
1 897852 01 0

Préface

PREFACE

Du 24 au 27 mars 1993, neuf experts venus de France, des Pays-Bas et de Grande Bretagne se sont réunis autour de la soixantaine de manuscrits français du Moyen Age de la bibliothèque Parker, la Parker Library de Corpus Christi College à Cambridge. Ils avaient un double but: peaufiner le nouveau catalogue rédigé par le bibliothécaire; présenter des communications sur divers aspects des manuscrits français.

Le grand érudit français, Paul Meyer, en particulier, attira l'attention sur l'importance de ces manuscrits. Il avait l'intention d'y consacrer une grande étude dans la série d'articles qu'il publia entre 1879 et 1907 dans la *Romania* sur les manuscrits français des bibliothèques de Cambridge. Malheureusement, cet article ne parut jamais. Déjà, dans le catalogue de Nasmith (1777), on trouvait suffisamment d'indications pour pouvoir reconnaître un certain nombre d'oeuvres françaises. Le catalogue de James (1910) ajouta des descriptions bien plus détaillées mais, malheureusement, laisse à désirer surtout en ce qui concerne les transcriptions. Le nouveau catalogue de 1993 apporte davantage de détails avec des citations plus importantes des textes, ainsi que de nombreuses nouvelles références bibliographiques.

Ces nouvelles études démontrent clairement le grand intérêt de ces manuscrits. Pour la plupart ceux-ci sont d'origine insulaire, donc en dialecte anglo-normand; pourtant, certains sont d'origine continentale. La richesse et la diversité des textes est considérable: romans et épopées, chroniques, généalogies, traités de médecine, de droit, d'orthographe, de moralité, d'alchimie, d'astrologie, de musique; recueils de traités, de statuts, de lettres; psautiers, méditations, commentaires, gloses, prières, sermons, poèmes, chansons, itinéraires, etc.

NIGEL WILKINS [Bibliothécaire]
Cambridge, avril 1993

3

LE RECUEIL DE *PROVERBES* DU MS 450

Le MS de Cambridge (MS 450 de Corpus Christi, ff. 252-260) est un MS anglo-normand du XIVe siècle qui constitue un des principaux recueils de proverbes du Moyen Age. Pour ce qui est du nombre des expressions proverbiales, ce MS occupe la quatrième place derrière *Q* (Paris, B.N. lat. 10360, MS du XVe siècle qui contient 1300 proverbes), derrière *R* (Rome, Vat. 1429, MS du XVe siècle qui possède 798 proverbes) et derrière *P* (Paris, B.N. fr. 25545, MS du XIVe siècle qui a 489 proverbes). Il donne, en effet, une collection de 464 proverbes, ce qui est une masse importante. Il mérite tout à fait d'être étudié en lui-même et pour lui-même, mais aussi par rapport aux autres grandes collections parémiologiques du Moyen Age recensée par Morawski.[1]

Le recueil de Corpus Christi a été transcrit jadis par ce pionnier des études médiévales que fut Francisque Michel. Sa transcription a été publiée par Le Roux de Lincy à la fin de son *Livre des proverbes français* (t. II, Paris, 1859, pp. 472-484). Elle comporte un grand nombre de fautes de lecture ou d'interprétation et surtout des oublis, une quarantaine de proverbes omis, quarante-quatre très précisément.

Morawski, qui ignorait les erreurs de transcription et les lacunes du texte de F. Michel, a reproduit dans son répertoire de 1925, d'après Le Roux de Lincy, c'est-à-dire malheureusement avec les fautes de F. Michel, un certain nombre d'adages du MS de Cambridge, auquel il donne le signe *Ca*. On remarquera que ce ne sont pas toujours des proverbes attestés seulement dans *Ca*. D'une manière générale Morawski donne un astérisque aux proverbes attestés dans les collections anglo-normandes. Si l'on se livre à un examen des renvois faits à *Ca* dans le recueil de Morawski, on découvre que sur les soixante-sept proverbes pourvus du sigle *Ca*, il y en a seulement une trentaine propres à notre manuscrit[2]. Morawski est allé ensuite en Grande-Bretagne en 1929. Dans un article publié en 1936 dans la *Zeitschrift für romanische Philologie* (t. 56, pp. 421-422, 434-435 et 438-439) il a corrigé la plupart des fautes de Francisque Michel et il

5

a édité brièvement les proverbes de *Ca* oubliés par le premier éditeur. Si l'on regardait bien le manuscrit, on trouverait encore des erreurs à rectifier[3]. Mais elles restent somme toute en nombre limité.

Aux proverbes de *Ca* cités en 1925 dans le répertoire de Morawski il faudrait en ajouter quelques-uns, environ une trentaine[4], que cet éditeur n'a pas relevés. Quelques-uns de ces dictons se retrouvent dans les autres collections du Moyen Age, mais la plupart appartiennent en propre au MS *Ca*. Cela fait au total environ une cinquantaine d'adages propres à notre manuscrit, sauf erreur, soit un peu plus de 10%. Certains auraient-ils été inventés par le rédacteur du recueil? Il est évidemment impossible de le démontrer. Observons au passage que plusieurs de ces dictons ne sont ni très bien écrits ni très bien pensés. Mais gardons-nous d'attribuer ces imperfections au responsable de la collection de Cambridge. Il a pu enregistrer ces formules médiocres, sans les avoir inventées. On sait, de toute manière, que les proverbes circulent de bouche à oreille, qu'ils appartiennent par essence au monde volant de l'oralité.

Beaucoup de problèmes se posent au sujet d'un recueil comme celui de Cambridge. D'abord l'interprétation de divers adages demande réflexions et investigations. On sait que par définition la maxime proverbiale est isolée de tout contexte et qu'elle offre parfois des difficultés de compréhension.

En second lieu, pour les proverbes attestés à la fois dans *Ca* et dans d'autres recueils il y a parfois des variantes intéressantes dans le MS de Cambridge. Elles méritent examen dans la mesure où elles contrastent avec la version enregistrée dans le recueil de Morawski et où parfois elles s'avèrent meilleures.

D'autre part, on relève un assez grand nombre d'erreurs de copiste dans le MS *Ca*. Morawski avait justement relevé que cette copie 'laisse beaucoup à désirer' (*Zeitschrift für romanische Philologie*, t. 56 (1936), p. 422). Pour corriger le texte, pour rectifier les fautes, il convient de voir ailleurs quelle est la bonne leçon.

Ensuite, il faut prendre garde à ne pas se laisser tromper par les graphies anglo-normandes. Par exemple, le proverbe 2 de notre recueil est le suivant: *A bon jour bon hure*. Ce serait une erreur de comprendre 'A bon jour bonne heure'. Il ne s'agit pas ici d'une variante (présente d'ailleurs dans le MS *T*), il ne s'agit pas d'une déformation de la leçon authentique *A bon jour bone euvre* (Morawski 10), confirmée par de nombreux manuscrits. Nous avons affaire à une graphie rare, mais attestée en anglo-normand[5]. Dans un certain nombre de cas, il faut éviter ainsi de se méprendre. Ailleurs, on doit procéder aux corrections indispensables pour comprendre le texte du MS *Ca*.

La composition du recueil mériterait aussi d'être étudiée. Certes, nous avons affaire à une collection classant les proverbes par ordre alphabétique. Mais il y a des infractions assez nombreuses à cette classification, et l'on peut se demander si l'on a affaire à des strates successives, à des ajouts faits par le remanieur ou le confectionneur de la collection. Une étude des manquements à l'ordre alphabétique ne serait peut-être pas inutile.

Surtout se pose la grande question du classement de ce recueil, de ses liens avec les autres collections conservées. Les familles suggérées par Morawski sont-elles valables? Pourrait-on aller plus loin et soutenir qu'il y a une tradition proverbiale anglo-normande? On pourrait s'interroger sur les sources éventuelles de ce recueil. S'inspire-t-il, par exemple, des *Proverbes au vilain* de Serlon de Wilton? D'autres textes parémiologiques? Peut-on déceler des modèles divers? Ou bien est-ce impossible? L'auteur a-t-il connu les collections de proverbes latins? Pourquoi ne présente-t-il pas de commentaires latins, à la différence d'autres recueils?

On pourrait aussi se poser des questions de sociologie littéraire, se demander si le rédacteur use de mots familiers ou de termes grossiers, si ce recueil a des traits savants ou populaires, s'il est destiné à des prédicateurs ou à des laïcs, à des savants ou à des hommes plus simples.

Pour répondre à toutes ces questions il faudrait écrire un gros livre. On essaiera ici de faire un premier tri, d'aller à l'essentiel et de distinguer le certain, le probable et le douteux, en prenant des exemples significatifs.

On commencera par rappeler que le MS 450 est évidemment au plan de l'écriture un MS du XIVe siècle. Peut-on être plus précis? Il semble appartenir au milieu du siècle[6]. Mais il faudrait avoir véritablement des compétences d'expert en paléographie pour avancer des suggestions en ce domaine. On me permettra de rester prudent.

On peut remarquer que dans cette copie nombreuses sont les fautes contre la déclinaison (*Ffol fait de un damage deus*), contre l'accord (*Neyr geline ponne blank oef*), contre la morphologie verbale (*Qi tut coveyt tut perde* 'Qui tout convoite tout perd' ou encore *Teu li durras, teu le prendras*, au lieu de *teu le prendra* 'Ce que tu donneras, il le prendra en l'état'), parfois contre la syntaxe (ainsi le subjonctif est aberrant dans *L'en deyt batre le fer tant qe soit chaud*). Beaucoup de mots sont déformés: *nie* (3) 'nid', *offreit* (37) 'offrande', *veil* (54) 'vielle', *loue* (58) 'loup', *paumé* (99) pour *paumee* 'coup de la paume', *asmon* (186) 'aumosne', etc. La présence du *y* à la place du *i* dans un certain nombre de termes, le mot *papelard* (attesté d'abord par le *Roman de la Rose*) dans le proverbe *De juvene papelard veil diable* (cf. Morawski 509 *De joene saintel veil diable*)[7], l'emploi de *que* à la place de *qui*, la substitution de *avant* à *ainz* dans le proverbe *Avant chant fol que prestre* (cf. Morawski 36, où le proverbe commence par *Ainz*), l'apparition de l'article indéfini *des* dans un proverbe où il n'est pas nécessaire (*Apres manger, assez des coillers* 'Une fois le repas terminé, les cuillères sont inutiles' 20), car la forme courante du proverbe est *assez cuilliers* (Morawski 118), tout cela suggère bien que l'on se trouve dans la période de l'anglo-normand tardif, c'est-à-dire celui du XIVe siècle.

Rien n'interdit donc de croire que le recueil ait été rédigé dans la première moitié du XIVe siècle ou au milieu du siècle. La collection serait-elle plus ancienne? Remonterait-elle au XIIIe siècle? On ne peut pas se prononcer. Le vocabulaire reste classique. Le MS le plus proche de notre recueil, à savoir le MS de Cambrai, comme nous le verrons ultérieurement, appartient à la fin du XIIIe siècle. Mais l'assemblage de la collection parémiologique du MS de Corpus Christi semble un peu plus tardif. On ne saurait apporter davantage de précisions.

1. Les variantes intéressantes

Environ une dizaine de leçons de *Ca* offrent des variantes instructives par rapport au texte retenu par Morawski. Il convient de les examiner rapidement. Ainsi la version du proverbe 21 de *Ca*

(*Arbre molt ramé fait a peine bon fruit* 'Un arbre à la frondaison trop abondante donne difficilement de bons fruits') s'oppose à la rédaction commune qui dit *Arbres moult sovant remué* (Morawski 123). Les deux textes sont admissibles. Il serait même permis de préférer celui de *Ca*. On notera que *ramé* se trouve aussi dans le MS U^1, ce qui est peut-être un signe de parenté.

Le proverbe 46 de *Ca* commence par une leçon isolée: *A vespre se movent li limasçons*. Le texte retenu par Morawski est *Encontre nuit se muvent les limasces* (n° 638). Ici encore la version de *Ca* est à la fois unique et admissible. Je ne me risquerai pas à soutenir qu'elle est plus ancienne. Elle est simplement différente.

Dans quelques cas la variante est partagée par plusieurs manuscrits et elle nous conduit à nous interroger sur l'existence ou non d'un groupement entre les MSS. Ainsi le proverbe 118 de *Ca* est le suivant: *Desur son fumer se fait le chen fier* 'Sur son fumier le chien se montre farouche'. *Dessus* ou *desur* apparaît dans le groupe *a* (c'est-à-dire pour Morawski dans *B, Ba, C, CA* et *U^1*) ainsi que dans *R* et *Z*. Le MS *A* dit *Devant* (Morawski 571). Qui a raison? On serait tenté de suivre *A*, mais ce MS est ici isolé. En moyen français l'expression est connue avec *sur son fumier*[8]. Le grand nombre de copies donnant *dessus*, d'après Morawski, incline à faire croire que la version la plus courante n'a pas été enregistrée par Morawski, sans doute à tort.

Il arrive aussi que la leçon de *Ca* semble préférable au texte enregistré dans le recueil de Morawski. Ainsi le n° 150 de *Ca* (*Ffol e aver ne se pount entramer* 'Un fou et un avide ne peuvent pas s'aimer mutuellement') paraît meilleur que le n° 781 de Morawski (*Fous et avoir ne se peuent entravoir*). D'après les variantes données par Morawski il semble que *Ca* soit le seul à donner cette leçon.

Même remarque à propos du proverbe 220 de *Ca* (*L'ome puit tant destreyndre le crust qe la mye ne vaudra rien* 'On serre parfois tant la croute que la mie ne vaut plus rien'), bien préférable au n° 1540 de Morawski (*L'en peut tant estraindre la mie que la croute ne vaut riens*) donné par le MS *C*. Le n° 2294 de Morawski (*Tant estraint on les croutes que la mie en saut*) confirme notre interprétation.

Autre variante de *Ca* intéressante: le n° 226 *Mal herbe meus crest* 'Mauvaise herbe pousse plus vite' est meilleur que le n°

1164 de Morawski (*Male herbe croist*). Les variantes données par Morawski (p. 110, n° 1164) montrent que les MSS ont hésité: *croist assez* de *VF, tout tans* de *VA, moult* de *Q, volentiers* de *RZ, plus tost* de *P*. Finalement le texte retenu par Morawski est le plus mauvais de tous.

Dernier exemple: le proverbe 314 de *Ca* (*Promesse saunz doner est au fol confort* 'Promesse non suivie de don réconforte le fou') semble meilleur que le texte du n° 1726 de Morawski *Prometre sanz doner est a fol conforter*. Les variantes confirment que le premier mot du proverbe est habituellement *promesse* dans les MSS. La préposition *a* semble incongrue. La leçon originale de la fin est sans doute *reconforter*, à en croire le témoignage de *BaRZ*.

Ces quelques exemples ne vont sans doute pas très loin. Les corrections suggérées par *Ca* restent peu nombreuses. Elles témoignent, toutefois, que tout n'est pas mauvais dans ce MS.

2. Les fautes de *Ca*

Les leçons intéressantes de *Ca* ne dépassent pas la dizaine d'exemples. Elles sont donc limitées. En revanche, les fautes du MS sont assez fréquentes. On en relève environ une trentaine de fautes notables, ce qui est beaucoup pour un ensemble de 464 proverbes. Un sixième ou un septième des proverbes est donc victime de déformations, qui dans les cas les plus graves rendent la maxime complètement incompréhensible. Prenons quelques exemples en essayant de classer les erreurs commises.

D'abord, on relève des fautes qui semblent des erreurs d'audition: *vaut* (301) au lieu de *voit* (*Plus vaut sage a un oyle qe fol a deus*), *aprent* (338) au lieu de *prent* (*Qi bien veyt e mal aprent a bon droit se repent* 'Celui qui voit le bien et fait le mal est obligé ensuite de se repentir de son mauvais choix', peut-être *corps* au lieu de *cuer* (*Quant aver vient, et corps faut* 'Lorsque la richesse est présente, la force physique fait défaut' (cf. Morawski 1733)[9] *voet* (369) au lieu de *veit* (*Qi ne voet il ne se esgarde*). On pourrait peut-être ranger dans cette catégorie *meys* (357) à la place de *moine* (*Qi meys sert ses hures pert* 'Qui sert un moine perd son temps'). Ces confusions ne permettent pas d'avancer l'idée d'une transmission des proverbes par voie exclusivement orale. De telles fautes sont courantes et classiques, y compris dans les *scriptoria*, car on lisait à haute voix (et pas seulement avec les yeux) le texte à recopier.

Il y a aussi d'évidentes fautes de lecture du copiste. C'est même l'essentiel des déformations relevées. Ainsi le proverbe 25 de *Ca* (*Assez escorche qui li piecent* 'On fait bien souffrir quand on taille en pièces') se signale par le fâcheux contraste entre le singulier du premier verbe et le pluriel du second. D'autre par, il s'agit d'une évidente méprise: le copiste a mal lu *pié* 'le pied' et *tent* 'tient' (cf. Morawski 137). D'où le proverbe mal interprété et mal transcrit. Rappelons que sous sa forme classique (*Assez escorche qui pié tient*) le proverbe signifie 'On fait beaucoup de mal quand on tient un adversaire par le pied'.

Dans le proverbe 133 (*En la fine se couche le carpenter*) la forme *se couche* semble une erreur pour *se conchie* (cf. Morawski 46 *A la fin se honist li charpentiers*). La variante *conchie* est d'ailleurs attestée dans *B* (Morawski, p. 94, variante du proverbe 46). Le proverbe 29 de *Ca* (*Assez se tait qe ren ne fait*) est sans doute la transformation fâcheuse d'un proverbe connu, le n° 136 du recueil de Morawski (*Assez dort qui riens ne fet*).

On rencontre de temps en temps dans notre MS des mots déformés: *rega* (66) au lieu de *requiert*, car *Bonté autre requiert* est un proverbe courant (Morawski 298). Ou encore le proverbe 123 *Deu grese ne pount en un sake*, qui est incompréhensible. Il faut sans doute corriger pour retrouver la maxime *Dui gros ne pueent en un sac* 'Deux personnages importants ne peuvent se trouver dans le même sac' (Morawski 611).

La plupart du temps l'erreur est propre au MS de Cambridge. Ainsi le n° 284 *Oÿ dire vayt partut* devrait être *Oÿr dire...* 'La rumeur va partout'. L'infinitif *oÿr* est indispensable ici. Au n° 300 (*Plus dure est hounte qe povert* - La honte est plus dure que la pauvreté) *Ca* a déformé le proverbe enregistré par Morawski sous la forme *Plus dure honte que chier tens* 'La honte dure plus longtemps que la disette' (n° 1650).

Dans quelques cas le copiste du recueil oublie un mot. Il en va ainsi au n° 324 (*Que qe face le jour ne se targe*), qui n'a aucun sens. Le bon texte est présenté par Morawski au n° 1773 *Que que fouz*

11

face, jourz ne se tarde 'Quoi que fasse le fou, le jour fixé vient sans retard'. De même, au n° 423 (*Teu manace ad grant peour*), il manque le relatif *qui* après *manace* 'Tel menace qui tremble' (cf. Morawski 2363). Au n° 347 (*Qi eyse attent eyse fuist* 'quand on attend l'occasion favorable, elle vous fuit') il manque le pronom *le* devant le verbe *fuir*, car la forme normale est *Qui aise atant aise lou fuit* (Morawski 1799). Oubli du mot *piez* au n° 452 (*Vistes piez e vistes meyns tret payn de aliene meyns* 'Pieds et mains rapides attrapent du pain de mains étrangères'). Le proverbe cité par Morawski (n° 2492) est très proche: *Vistes piez et vistes mains ferent le pain des averes mains* 'Pieds et mains rapides ravissent le pain des mains avares'.

Parfois *Ca* fait une addition fâcheuse au texte du proverbe ou encore rassemble en une seule phrase deux proverbes isolés. C'est le cas au n° 134 de *Ca* qui dit *En lermes de feloun ou de femme se deit nul fier*. Manifestement il ajoute *ou de femme*, car la forme normale du proverbe est seulement *En lermes de felon ne se doit nus fier* (Morawski 664). De même le proverbe n° 270 de notre MS. (*Ne set veysin qe vaut molin fors qi le perd, ne vilein qe esperouns valent*) apparaît comme un mélange du proverbe 1360 de Morawski (*Ne set voisin que vault molin*) et du proverbe n° 1359 du même réportoire (*Ne set vilans que esperons valent*). L'addition centrale n'est pas claire. Elle semble dire 'sauf qu'il y perd', les meuniers étant réputés voleurs).

Il arrive aussi que la leçon fautive de *Ca* soit aussi celle des MSS apparentés à lui. Cela doit remonter au modèle de ces MSS. Ainsi dans le proverbe 237 de *Ca* (*Messager ne doit bien oyr ne mal avoir*) on peut se demander si le mot *bien* ne s'est pas substitué à *mal* et si Morawski n'a pas eu tort d'enregistrer sous cette forme la maxime (n° 1227 de son recueil). On pourrait comprendre, il est vrai, 'Un messager ne doit pas entendre des paroles favorables (qui pourraient le séduire) ni être maltraité'. Mais le sens attendu, confirmé par de nombreux MSS, semble devoir être 'Un messager ne doit être pas être maltraité ni en paroles, ni en actes'. La leçon *bien* se trouve aussi dans le MS U^1. Elle semble une faute commune.

Quant au n° 323 *Qi prent Bayard en ambloür, si voet tenir le jour qu'il dure,* il s'agit d'une variante, apparemment mauvaise, du proverbe *Q'aprent poulains en denteüre tenir le veut tant come il dure* (Morawski 1765) 'Ce qu'aprend le poulain dans sa jeunesse, il le conserve toute sa vie'. Le premier supplément aux proverbes de

Serlon de Wilton nous dit *Que pulain prent en danture tuz ses jors li dure* (éd. J. Oberg, p. 146, n° 7a). La paraphrase latine déclare *Quem domo, mos pullo vemens deest tempore nullo*. Dans la marge d'un MS est écrit le vers suivant, dont le sens est clair: *Quod iuvenis pullus discit, memorat veteranus*. Et le scribe ajoute *vemens deest: deletur*. Le texte de *Ca* n'est, toutefois, pas isolé. Les variantes du proverbe 1765 de Morawski (p. 120) le montrent. Le MS de Cambrai dit, par exemple, *Qu'aprent Bayart ens ambleüre, si veut tenir tant quant il dure* 'Ce qu'aprend Bayard en trottant l'amble il le conservera toute sa vie'. Mais on conviendra que *l'ambleüre* est ici une déformation fâcheuse de *denteüre*. Nous avons affaire ici, semble-t-il, à une faute commune de *Ca C RZ*[10].

Quelques proverbes, peut-être gravement altérés, restent difficiles à comprendre. Ainsi le n° 105 (*Dehez la bouche ou mensonge descret*)[11], le n° 450 (*Ventz bien seur bien, et bien pert sa bounté*), le n° 148 (*Ffeme arme plein poigne de sa volunté*). Le recours aux autres collections est sans effet lorsqu'elles ne possèdent pas d'expressions voisines[12].

Il apparaît donc que le copiste du MS de Cambridge n'a pas constamment son attention en éveil et commet diverses fautes. Pour les corriger, autant que faire se peut, on doit utiliser les rédactions des autres recueils de proverbes.

3. Le MS *Ca* et les autres recueils

Il serait intéressant de préciser la place du MS 450 dans l'ensemble des collections parémiologiques. Peut-on faire un classement des divers recueils? Où se situe notre manuscrit? A cette grande question Morawski a tenté de répondre dans un important article de la *Romania* (t. 48 (1922), pp. 481-558) intitulé 'Les recueils d'anciens proverbes français analysés et classés'. Ce travail n'a pas été encore remplacé, même si l'on a découvert un petit recueil supplémentaire[13]. Une étude d'ensemble des collections de proverbes serait, pourtant, la bienvenue. Je crains que la tentative de classement de Morawski ait été un peu prématurée et se soit fondée sur des principes parfois contestables.

Sur les 27 recueils manuscrits connus alors par Morawski cinq ou six manuscrits importants appartiendraient selon lui à la même famille, appelée *a*. Il s'agit des MSS *B* (Paris, B.N., lat. 18184), *Ba* (Paris, B.N., lat. 13965), *C* (Cambrai, Bibl. de la ville, 534), *Ca* (c'est notre MS 450 de Corpus Christi), U^1 (Uppsala, Bibl. de l'université, C 523) peut-être aussi *Ch* (Cheltenham, Bibl. Phillips 8336, aujourd'hui British Library Add. 46919), dont l'érudit n'avait encore pu prendre connaissance. Pour le classer, Morawski se fondait seulement sur un article de P. Meyer (*Romania*, t. 13 (1884), pp. 497-541), ce qui semble un peu rapide.

En l'absence de nombreuses fautes ou innovations communes, on décèle, toutefois, des suites de proverbes identiques. Il semble donc que des liens de parenté soient incontestables. On le voit bien si l'on compare le MS de Cambridge et celui de Cambrai. Ils conservent des séquences identiques, malgré les additions ou les omissions faites à leur source. Par exemple, la série suivante de *Ca 39* (*Au primer coup ne chet pas l'arbre*), 40 (*Autresi bien sont amuretis souz burel com suz burnet*), 41 (*A senechal de la mesoun puit hom conoistre li baroun*) 42 (*Ausi tost mort vel cum vache*), 43 (*Atant despent aver cum large*), 44 (*Atant gaigne qui crie vin a quatre cum qi crie a duze*) est identique à celle de *C* (proverbes 22-27).

Quelles que soient les variantes de langue ou les menus changements apportés çà et là au texte, ces rencontres sont à interpréter non pas comme le fruit du hasard, mais comme la trace d'une origine commune, de la dépendance d'un original commun.

Certes, il n'y a que 225 proverbes dans le recueil de Cambrai, et non 464 comme dans celui de Cambridge. Certes, il y a dans ces deux recueils des variantes, des proverbes propres, des ajouts ou des absences remarquables, mais on ne saurait douter, semble-t-il, de l'existence d'une certaine parenté entre *C* et *Ca*. Assurément, elle est moins forte que si les deux MSS avaient continûment le même texte et s'ils possédaient beaucoup de fautes communes. Dans ces collections composées de petites phrases indépendantes qui se succèdent, les innovations particulières sont inévitables. De surcroît, la tradition orale, qui joue toujours un rôle dans la transmission des adages, contribue à augmenter l'originalité de chaque recueil. Voilà pourquoi, semble-t-il, les différences restent assez importantes, même entre des collections proches l'une de l'autre.

Une second collection offre des ressemblances avec le MS de Cambridge, c'est le MS U^1, c'est-à-dire le MS *C* 523 d'Uppsala à partir du folio 163 (cf. l'éd. P. Högbert, *Zeitschrift für französische Sprache und Literatur*, t. 45 (1919), pp. 472-484). Là encore on décèle des innovations assez importantes dans ce recueil de 277 proverbes. Mais si on le compare au recueil de Cambridge, on découvre l'existence de coïncidences assez nettes. Des successions de proverbes ne sont pas rares, surtout dans les 117 premiers numéros. A titre d'illustration je donne les douze premiers exemples:

A bon demandour sage escondisour.

A bon jour bone euvre.

A chat lecheour bat l'en souvent la goule (Proverbe absent de *Ca* et présent dans plusieurs collections).

A chacun oisiaul ses nis li semble biaulz.

A cheval donnei ne doit on ez dens regarder.

A cognostre qui est folz n'estuet pas cloche au col (Nouveauté de U).

A dur aisne dur aguillon.

A cour de roy chascuns pour soi.

Aler et venir Dex le fist.

A longe corde tire qui autrui mort desire.

Aprés grant guerre grant paix.

A mal marchié bien vivre.

Sur les douze premiers proverbes huit sont communs. C'est là un trait de ressemblance. Sur les 117 premiers proverbes de U^1 on observe que 60 se trouvent présents dans le recueil de Cambridge. Cette proportion semble révélatrice.

Serait-il possible d'aller plus loin? Entre les recueils anglo-normands, pourrait-on apercevoir des regroupements? Ces manuscrits constitueraient-ils une seule et unique famille? A priori on pourrait croire en Grande-Bretagne à l'existence d'une tradition continue de littérature parémiologique depuis Serlon de Wilton. On pourrait imaginer que les recueils anglo-normands ont des traits communs.

Il n'en est malheureusement rien si l'on examine les adages cités par Serlon ou bien par ses premiers continuateurs et si d'autre part l'on compare les diverses collections connues: le MS *Ca* (Cambridge), *Che* (Cheltenham), *H* (Hereford), *J* (Oxford Rawlinson A 273), *K* (Oxford Rawlinson C 641)[14].

Au premier coup d'oeil on découvre que la composition des recueils n'est pas la même. Dans le MS de Cambridge nous avons affaire à un ordre alphabétique. Chez Serlon à une succession désordonnée. De même, dans le recueil de Hereford. La collection de Cambridge ne donne aucun commentaire en latin. Il en va tout autrement chez Serlon et ceux qui le suivent. Serlon aime paraphraser en latin le texte français. Chaque proverbe est suivi de quelques vers.

Il semble évident que Serlon n'a pas inventé les proverbes en langue romane. Il en a hérité et il s'est amusé à composer dessus des vers latins. C'est, semble-t-il, l'explication la plus satisfaisante qu'on puisse avancer pour rendre compte de la présentation de ces textes: d'abord une maxime en français (très précisément en anglo-normand), ensuite quelques vers latins. Jan Oeberg ne se prononce pas à ce sujet. Se fondant sur l'appellation *Proverbia magistri Serlonis*, donnée par le MS d'Oxford (Bodleian Library, Digby 53, f. 8) il a l'air de croire que Serlon aurait composé à la fois trente proverbes et les paraphrases en hexamètres[15]. Ce n'est guère vraisemblable. Serlon est un poète latin, et non un fabricant de proverbes. On comprend aisément que cet universitaire s'amuse à tourner en latin des dictons qui couraient les rues.

Si l'on étudiait le MS Rawlinson C 641 d'Oxford, on trouverait un système de présentation comparable. Chaque adage est suivi d'un commentaire ou d'une traduction en latin. La source est assurément la collection de Serlon. Il y a, cependant, quelques différences. Certes, le compilateur suit à peu près au début les *proverbia Serlonis*, puis leur première suite, tant pour le texte français que pour les vers latins[16], mais à partir du proverbe 49 tout change. Il n'y a plus de commentaires latins. Plus de *proverbia Serlonis* à imiter. De toute façon, entre le MS de Corpus Christi et le MS Rawlinson C 641 d'Oxford il n'y a quasiment rien de commun. Rien n'est vraiment comparable dans l'ordre de succession des proverbes. On pourrait même citer plusieurs leçons divergentes pour certains dictons attestés dans les deux MSS. Il faut donc croire à l'indépendance de ces collections.

Si l'on examinait les 88 proverbes contenus dans le MS de Hereford, on pourrait présenter des observations analogues. Il suffit de regarder le début pour relever l'originalité de cette petite série. Les trois premiers dictons sont absents du MS de Corpus Christi. La suite des adages, assez désordonnées dans la collection, d'ailleurs très courte, de Hereford, ne s'accorde nullement avec l'ordre alphabétique du MS de Corpus Christi. Il y a, en outre, dans le MS de Hereford (écrit en ancien français, et non en anglo-normand) quelques proverbes très particuliers, qui témoignent de l'originalité de cet ensemble[17].

Morawski a cru jadis que la plupart des proverbes du recueil primitif qu'il imaginait à la source des MSS *B, Ba, C, Ca* et *U¹* devaient être d'origine anglo-normande[18]. On ne peut pas soutenir une hypothèse aussi hardie. Il semble, au contraire, qu'il n'existe point de tradition d'un unique recueil proverbial en anglo-normand. Chaque rédacteur de collections a dû puiser dans les modèles anciens, mais aussi a il a pu ajouter et innover. Dans le domaine des dictons la tradition orale a sans doute joué un rôle important. C'est peut-être pour cette raison que chacune des séries de proverbes présente tant de traits originaux. Les compilateurs ont dû rassembler des proverbes transmis de bouche à oreille. Autrement, il serait difficile d'expliquer les divergences importantes qui séparent les recueils.

Pour conclure, observons que l'auteur du recueil de Cambridge indique en incipit et en explicit que les proverbes cités sont *de France*. L'incipit est le suivant: *Ci comencent proverbes de Fraunce*. Par cette précision géographique on a l'impression que le copiste du manuscrit signale clairement la source principale de son recueil: il s'appuie sur un manuscrit venant du continent.

D'autres raisons peuvent être invoquées. D'abord le MS de proverbes le plus proche de *Ca* est un manuscrit continental, celui de Cambrai. Ensuite la langue du recueil de Corpus Christi ne semble pas constamment anglo-normande. Il reste, semble-t-il, de loin en loin quelques vestiges linguistiques du français continental. Au lieu de dire *saveir*, le copiste use de *savoir* (91). Il se sert de *voyt* (325) à côté de *chen* (223). Outre *puit* 'peut' (215), il dit *poet* (217). En plus de *suffreit* 'manque, défaut' (380), il dit *suffrete* (310). Ce mélange est instructif, semble-t-il, et nous révèle que le copiste paraît avoir utilisé une source française.

Sur le MS de Cheltenham P.Meyer a dit: 'Les proverbes viennent assurément de France, mais le recueil peut en avoir été formé en Angleterre'[19]. Peut-être y a-t-il pour le MS de Corpus Christi non seulement travail de récolte et de mise en forme en Grande-Bretagne, mais aussi en partie utilisation de matériaux anglo-normands. Le nombre d'adages propres au recueil de Cambridge en est sans doute un indice. Il peut y avoir aussi recours à diverses sources, notamment de provenance orale (on sait que les proverbes appartiennent au monde de l'oralité), peut-être une part de création personnelle. Il est vraisemblable de croire que le copiste du recueil a complété ainsi le modèle français dont il a disposé. L'influence des *Proverbes au Vilain* semble nette[20]. Il en va, d'ailleurs, ainsi dans beaucoup de recueils. Mais nombre de proverbes du manuscrit de Corpus Christi n'ont pas de source connue. Certains paraissent assez simples dans leur formulation, voire mal rédigés. Ils ont peut-être été recueillis sur place.

De toute façon le présent recueil de proverbes témoigne de la persistance du goût pour la littérature parémiologique à date tardive dans le monde anglo-normand. La tradition dont Serlon de Wilton a été à sa façon un des premiers initiateurs dans la deuxième moitié du XIIe siècle continue de vivre au XIVe siècle. L'intéressante collection d'adages de Corpus Christi en est une nouvelle illustration.

Philippe Ménard,
Sorbonne.

NOTES

1.   Voir J. Morawski, *Proverbes français antérieurs au XVe siècle*, Paris, 1925. Les sigles que j'utilise dans le présent travail sont ceux de Morawski.

2.   Il s'agit des nos. suivants de Morawski. (Je rectifie plusieurs erreurs de lecture.) 287 (*Bon est l'un a l'autre, ceo dist le carpenter*), 373 (*Chat sauvage est a tort hostilie*), 374 (*chat saül est sanz noise*), 447 (*Dehez eit la bouche ou mensonge descrest* de sens peu clair), 498 (*De frumage croyse mangüe lo chat* 'De fromage creux mange le chat'), 625 (*Du trunçeon de la launce puit ome juster*), 633 (*En burdant dit hom veir*), 649 (*En estraunge terre chace la vache le boef*), 686 (*Entor la mesoun au chaceour deit homme quer le lever*), 687 (*En totes eages redote l'en* 'A tous les âges on radote'), 729 (*Femme arme* (sic) *plein poigne de sa volunté* de sens peu clair), 813 (*Grange vuide est ventouse*), 848 (*Honny soit manoie de fol e de enfant*), 871 (*Il fet boin geüner aprés manger*), 964 (*Ja de boyssoun ne averez aulue ne de fol ami*) 986 (*Je ne vis unkes riches muet*), 1001 (*La fille son veisin n'est prus*), 1026 (*La ou payn ne remeynt, genz ne sont pas saül*), 1194 (*Mau fu nez qi primes veit e puis chatonne*), 1264 (*Meuz vaut gros qe nue dos*), 1292 (*Meuz vaut teste coverte qe nue*), 1299 (*Meus vaut un seyr qe deu matins*), 1318 (*Mout fait grant chauts quant viele vache beze* 'Il fait très chaud quand une vieille vache s'excite'), 1323 (*N'ad bien qi ne l'ad del soen*), 1330 *Ne baillez pas vostre aignel a qi en voet la pel*, 1406 (*Nul ne bat tant sa femme cum cil qe ne l'ad*), 1845 (*Qui bien oynt suef poynt*), 2066 (*Qi par tut seyme en ascun lieu crest*), 2098 (*qi poynt, si veint*), 2147 (*Qi son mestre ne ayme ne son mestre li*), variante du proverbe 2004 de Morawski (*Qui n'aime son mestier, ne son mestier lui*), 2250 (*Selonc mesure fist Deus chaud*). J'écarte de cette liste le n° 1364 (*N'est fu saunz fume ne amour sanz semblaunt*), dont la première partie est une variante du n° 1405 (*Nul feu est sans fumee ne fumee sans feu*), le n° 1459 (*L'en deyt garder ou l'en gist en yver et ou l'en dine en quarreme*), qui est une permutation du n° 1451 (*On doit bien savoir en quaresme ou l'en*

18

mangera et en yver ou l'en gist), le n° 2204 (*risches est qi loynz meynt*), attesté, d'ailleurs, dans *L* et *Q*. Cet adage semble une réfection du n° 1971 (*Ki loing maint asez a*).

3.   Par exemple, éd. Le Roux de Lincy, p. 472, 1, lire *demandour*, et non *demandeur*, 472, 4, lire *cheval*, et non *chevell*; 478, 9 lire *cuist* 'cueille', et non *oinst*.

4.   On ne s'étonnera pas de trouver des proverbes absents de Morawski. Dans son répertoire de 1925 cet érudit convient qu'il n'a pas publié tout ce qu'il y avait dans les 29 recueils de proverbes. Il a laissé de côté 'locutions... refrains... axiomes de droit' et même 'des proverbes d'un caractère trop sentencieux (sic)' (p. XIV). Ce choix est évidemment arbitraire. Pour les proverbes omis par Morawski j'ai systématiquement consulté Elisabeth Schulze-Busacker, *Proverbes et expressions proverbiales dans la littérature narrative du Moyen Age français* (Paris, 1985) James W. Hassel, *Middle French Proverbs, Sentences and Proverbial Phrases* (Toronto, 1982), enfin Giuseppe Di Stefano, *Dictionnaire des locutions en moyen français* (Montréal, 1991). Les voici par ordre alphabétique: *Ans fuisse sans gage que homage* 'Plutôt avoir été sans garant que sans fief' (?) - *Assez se tait qe ren fait* 'Il reste fort silencieux celui qui est inactif' (sans doute altération du n° 136 de Morawski *Assez se dort qui rien ne fet*, qui est meilleur) - *Barbe velue visage mue* 'Barbe abondante change le visage' - *Des ouailles countez prent le loue* 'Le loup s'empare même des brebis que l'on a comptées' (Proverbe connu en moyen français: cf. Hassel, B173. L'adage existe sous forme incomplète dans le MS *Ba*, f. 35v: *De* (omission de *brebis* ou de *ouaille*) *conte* (erreur pour *contee*) *prent leuz*) - *De petit oyl se deit hom garder* 'On doit se garder même d'une petite créature qui vous regarde' - *Fol ne creit devant qu'il receyt* 'Le fou ne se rend pas compte avant de recevoir un coup' (cf. Morawski 787 et 788 et aussi Hassel F 512) - *Gentil oysel par se meïsme se afet* 'Un noble oiseau s'apprivoise de lui-même' (Hassel O 42 *Le bon oiseau se fait de luy mesme*) - *Honny soit manoie de fol e d'enfant* 'Maudite soit pitié de fou et d'enfant' (*manoie* semble une graphie de *manaie* et signifie ici 'pitié', et non 'pouvoir', cf. *Anglo-Norman Dictionary*, 404) - *Il n'est boys q'il n'eyt sez pleyns* 'Il n'y a pas de bois qui n'ait une étendue plate' - *La fille sun veisin n'est pruz* 'La fille de son voisin est sans mérite' - *La ou est la reine, serra le silioun l'autre an* 'Là où se trouve la grenouille il y aura un terrain labouré l'année prochaine' (Morawski lit à tort *l'areine* 'le sable' dans la *Zeitschrift für romanische Philologie*, t. 56 (1936), p. 434) - *Le fruit est mauveys qi ne se meüre* 'Il est mauvais le fruit qui ne murit pas' - *Meuz eyme troye troÿle qe rose* 'La truie préfère la crotte (?) à la rose' (cf. Morawski 1233 *Mieuz aime truie bran que rose*) - *Molt est loinz qe juppe* 'Il est très loin celui qui crie' (altération du n° 1314 de Morawski: *Molt est loinz de Romme qui a Paris juppe*) - *Petite sautrele prent grant mellee* 'Une petite sauterelle reçoit de vilains coups' (?) - *Poy e poy vent l'om loinz* 'Peu à peu on vend au loin'. (Altération probable de *vait*. Il faudrait comprendre 'Peu à peu on va loin' cf. Hassel P 137) - *Por ceo ne parle boef q'il n'ad assez de lange* 'Si le boeuf ne parle pas, c'est qu'il n'a pas une langue suffisante' - *Pur nient ad sa marchaundie qe nel monstre* 'il est vain d'avoir des marchandises et de ne pas les montrer' - *Quant fol emee, e diable enpeynt* 'Quand le fou vise, le diable le pousse' - *Qi diables achate diables deit vendre* 'Qui achète au diable doit vendre au diable' (cf. Hassel D 57 *De diable vint a diable ira* - *Qi fait a son vuyl fait a sun doeyl* 'Qui agit selon sa fantaisie se fait du tort' - *Qi meyn desreesoun se fiert de soun baston* 'Celui que la folie dirige se frappe lui-même avec son bâton' - *Qi n'ad q'il creyme si n'ad a* (omis) *abaundoner* 'Qui n'a rien à craindre n'a rien à laisser à autrui' - *Qi plus covre le fu, e plus ard* 'Plus on recouvre le feu, plus il brûle' - *Solonc mesure fist Deus chaud* 'Avec mesure Dieu a créé la chaleur'(?) - *Taille faut e foy ment, plege plede e gage rent* 'L'impôt fait défaut, la bonne foi trompe, le garant plaide et rend la caution'(?) - *Trop est avers a qui Deus ne suffist* 'Il est trop avide celui à qui les dons de Dieu ne suffisent pas' - *'Tu le serras', dit le boef au thorel* 'Tu seras tel', dit le boeuf au taureau' (proverbe attesté dans le MS lat. 10360 de la B.N. de Paris, c'est le MS *Q* de Morawski, p. 619, sous la forme *Tu le sauras, dit le beuf au thorel*). Il semble que le MS *Q* conserve la bonne leçon - *Teu* (à corr. en *Tut*) *chaunt revertit a sa alleluya* 'Tout chant s'achève par son refrain obligé' - *Unqe bien ne m'ama qi pour si poy me het* 'Il ne m'a jamais beaucoup aimé celui qui me hait pour si peu de chose'.

5.   Voir *Anglo-Norman Dictionary*, 4, 474.

6.   Voir Ann Rycraft, *English Mediaeval Handwriting*, University of York, 1973, pl. I (datée de 1357) avec le *d* très penché vers la gauche, le *r* très particulier qui descend au-dessous de la ligne, le *s* replié sur-lui-même, le *a* étiré, le *a* majuscule, le *h* à la boucle arrondie vers la gauche, le *p* dont la barre descendante remonte ensuite vers la gauche, le *s* qui a lui aussi une fine boucle remontant du bas jusqu'au milieu. Voir aussi Michelle P. Brown, *Western Historical Scripts, from Antiquity to 1600*, London, The British Library, 1990, pp. 96-97, planche 35, écrite en *Cursiva Anglicana* du XIVe siècle.

7.   La variante *papelart* est attestée dans deux autres MSS, également du XIVe siècle: *H* et *V*, d'après Morawski (*op. cit.*, p. 102, variante au n° 509).

8.   Voir Hassel, *op. cit.*, F 188 et DiStefano, p. 387.

9.   Le MS de Tours dit *Quant avoir vient, et cuer faut* et traduit en latin *Huic cor tabescit, cui rerum copia crescit* (110).

10.   Sur l'expression 'Ce qu'on aprent en denteüre, on veult tenir en vieilleüre', voir G. Tilander, *Mélanges G. Straka*, t. II, 1970, pp. 149-150.

11.   Morawski a lu *Dehez la bouche en mensonge desiret*. Ma lecture semble préférable.

12.   J'ai vainement cherché dans le répertoire commode de Jakob Werner, *Lateinische Sprichwörter und Sinnsprüche des Mittelalters* 2e éd. revue et augm. par P. Flury, Heidelberg, 1966. Mais je n'ai pas entrepris d'investigations dans le très vaste recueil de Hans Walther, en 9 volumes (avec les suppléments), *Proverbia sententiaeque Medii Aevi* (Göttingen, 1963-86).

13.   Voir A. Vernet 'Proverbes français dans un manuscrit de l'abbaye de Mores', *Romania*, t. 71 (1950), pp. 100-109. On pourrait donner à ce recueil le sigle *Mo*.

14.   Pour Serlon l'éd. princeps est celle de P. Meyer, dans *Archives des Missions scientifiques et littéraires*, 2e série, t. V (1868), pp. 172-183 (fondée sur le bon MS Digby 53 de la Bodleienne, qui est le MS I de Morawski). Aujourd'hui l'excellente édition de Jan Oeberg, *Serlon de Wilton, Poèmes latins* (Stockholm, 1965) permet de distinguer les diverses strates des MSS: trente proverbes attribués à Serlon et classés dans le désordre par les MSS (éd. Oberg, pp. 113-120), puis un ajout de trente-huit proverbes, d'une autre collection, semble-t-il (pp. 144-152); enfin une troisième série (pp. 153-155). Pour le MS de Cheltenham (qui contient 423 proverbes, sauf erreur) voir l'éd. citée de Morawski. Pour Hereford (88 proverbes ou phrases), Cathedral Close, Bibl. cap., P. 3. III, ff. 164r-167r, j'ai consulté une photographie, obligeamment communiquée par l'IRHT de Paris; pour le MS Rawlinson C641 de la Bodleienne d'Oxford (qui contient 363 proverbes), voir l'édition d'E. Stengel, dans *Zeitschrift für französische Sprache und Literatur*, t.21 (1899), pp. 2-21. Je ne mentionne pas ici le MS *J* (Oxford, Rawlinson A273), qui ne possède que 13 proverbes.

15.   *Ed. cit.*, pp. 56-58. Notons, en revanche, qu'en 1868 dans les *Archives des missions scientifiques et littéraires*, 2e série, t. V (1868), pp. 148-149, P. Meyer avait justement déclaré à ce sujet 'Les *Proverbia*..., ce qui ne doit s'entendre que des équivalents en hexamètres ou en élégiaques de ces proverbes'.

16.   Voir l'éd. Oeberg, pp. 113-120 et pp. 144-152.

17.   Ainsi le n° 17 (*Mout est sours qui n'oit rien* 'Il est très sourd celui qui n'entend rien'), dont Morawski (1316) ne donne aucune autre référence, le n° 68 (*Quant vient lait sur lait, si pert lait sa laidure* 'Quand la laideur s'ajoute à la laideur, elle n'est plus reconnaissable'), dont Morawski (1761) ne connaît que cet exemple ou encore le n° 63 (*L'une main leve l'autre* 'Une main lave l'autre', c'est-à-dire sans doute 'Il faut s'entraider' ou bien 'Une faute est vite effacée'), dont Morawski (1148) ne connaît pas d'autre attestation.

18.   *Proverbes français antérieurs au XVe s.,* p. XII.

19.   P. Meyer, *Romania,* t. 13 (1884), p. 538.

20.   Sur les 280 adages cités dans les *Proverbes au Vilain* (éd. A. Tobler, Leipzig, 1895) j'en relève 46 qui semblent connus du rédacteur du MS *Ca.*

LE *LANCELOT* EN PROSE (MS 45)

Corpus Christi 45, auquel je donnerai le sigle A, pourrait bien sembler n'être qu'un parent pauvre des splendides manuscrits enluminés qu'on trouve à la Parker Library.[1] Je vais concentrer mon attention sur la partie du volume qui contient le *Lancelot* en prose,[2] à partir du récit de l'enfance de Lancelot, qui commence 'En la marche de Gaule', jusqu'au milieu de l'épisode de la carole magique, à laquelle Lancelot met fin (*LM* LXXXII). Ce manuscrit est un honnête et solide exemplaire du roman en prose, un parmi le nombre considérable que nous en avons datant du treizième siècle. C'est celui que Alexandre Micha utilise comme manuscrit de base pour les volumes I et II de son édition. Il ne possède pas de belles initiales historiées, mais il présente des caractéristiques qui sont intéressantes, car pour ce texte c'est l'un des rares manuscrits dont on peut prouver qu'il a un descendant direct, à savoir le manuscrit de la British Library, Royal 19 B VII, auquel j'attribuerai le sigle *B*. Ces deux manuscrits ont en commun une lacune (qui correspond aux pp. 506.35-524.39 de mon édition et que j'étudierai vers la fin de cet article), et ils donnent également des leçons similaires et distinctives tout au long du texte. Cela pourrait simplement suggérer qu'ils ont un ancêtre commun, mais la preuve que *B* descend directement de *A*, c'est qu'une correction qui est marginale dans *A* (f.5a) est incorporée dans le texte de *B*. La correction elle-même est d'un intérêt considérable, car elle éclaire l'évolution d'un texte à travers les âges,[3] ainsi que la façon dont se fait une correction et celle dont une correction particulière peut s'installer dans un petit sous-groupement de la tradition manuscrite.

C'est un passage-clé du *Lancelot* en prose qui est l'objet de cette retouche, un passage dont on a énormément discuté, car il contient une contradiction sérieuse avec des évènements ultérieurs, une fois que la queste du Graal devient une partie intégrante de l'histoire de Lancelot, queste qui fait de Galaad, fils de Lancelot, le nouveau héros du Graal.[4]

Ne il n'avoit encores gaires esté rois, si avoit prise la reine Guenievre, n'avoit pas plus de set mois et demi. Et c'estoit la plus tres bele fame dont onques nus eüst oï parler el pooir lo roi Artu. Et sachiez que onques a son tans el reiaume de Logres n'en ot une qui s'apareillast a li de grant biauté fors que deus seulement. Si fu l'une dame d'un chastel qui siet an la marche de Norgales et des

Frans, si a non Gazevilté li chastiaus, et la dame ot non Heliene sanz Per, et cist contes an parlera ça avant (*LK*, pp. 519-24). Et l'autre fu fille au roi mehaignié, ce fu li rois Pellés qui fu peres Perlesvax, a celui qui vit apertement les granz mervoilles del Graal et acompli lo Siege Perilleus de la Table Reonde et mena a fin les aventures del Reiaume Perilleus Aventureus, ce fu li regnes de Logres. Cele fu sa suer, si fu de si grant biauté que nus des contes ne dit que nule qui a son tens fust se poïst de biauté a li apareillier, si avoit non Amide en sornon et an son droit non Heliabel. (LK, p. 33)

Un examen de la tradition manuscrite révèle clairement que dans la leçon de la source d'où proviennent tous les manuscrits que nous connaissons aujourd'hui, la troisième des trois femmes les plus belles, c'est la fille du roi mehaignié (Roi Mehaignié?), Pellés, père de Perlesvaus/Perceval, le chevalier qui a accompli les aventures du Graal, y compris celle du Siège Périlleux.[5]

Avant d'étudier les réactions de lecteurs et de scribes qui sont intervenus à des dates ultérieures, à l'égard des problèmes présentés par ce passage une fois qu'il s'est trouvé inséré dans le cadre du roman cyclique, je crois qu'il est important d'examiner la fonction de ce passage dans la version du *conte Lancelot* qu'on trouve dans le manuscrit le plus ancien, B.N. fr. 768, et dans ces autres manuscrits qui mettent fin à l'histoire sans qu'il y ait queste du Graal. Comme je l'ai expliqué dans mon édition et mon étude *Lancelot and the Grail*,[6] tout un ensemble d'allusions intra- et intertextuelles caractérise le récit des premières aventures de Lancelot jusqu'à son installation comme chevalier de la Table Ronde, et joue un rôle important dans la structure thématique du récit. Le passage dont je parle ici est relié par les allusions qu'il contient aux deux thèmes principaux, le thème du pouvoir que l'amour de Lancelot pour Guenièvre a de l'encourager à des exploits chevaleresques, et le thème du jeune chevalier inconnu promis a un grand destin et qui comme Perceval doit se faire un nom. La beauté de Guenièvre est ici présentée à côté de celle des deux autres plus belles femmes. Le nom d'Heliene sans per dans une référence à un épisode du roman évoque par ce nom même de Heliene des souvenirs du grand amour destructeur qui avait engendré la jalousie, la guerre et la chute de Troie. Dans l'épisode qu'on racontera plus tard dans la partie du roman qui est commune à la fois à la version cyclique et à la version non-cyclique,[7] cette beauté d'Heliene a un effet négatif, bien qu'à une moindre échelle que celle d'Hélène de Troie. La beauté d'Heliene persuade un homme d'un rang supérieur au sien, Persides, de l'épouser; comme l'Erec de Chrétien, Persides oublie ses devoirs de chevalier, ce qu'on met sur le compte de l'amour qu'il a pour Heliene. Cette dernière, contrairement à Enide, se fâche et déclare que sa beauté vaut davantage que les qualités chevaleresques de Persides; celui-ci est furieux et l'emprisonne dans une tour d'où finalement Hector (encore des échos troyens) la libère quand il prouve en se battant que sa beauté est effectivement plus grande que ne le sont les qualités chevaleresques de son mari. Le couple Heliene-Persides est mis en contraste avec le couple Guenièvre-Lancelot, dans lequel la grande beauté de la reine inspire Lancelot à partir courir le monde pour y accomplir de grandes aventures; c'est pour l'amour d'elle qu'il sauve à trois reprises Arthur et son royaume.

L'allusion à la fille de Pellés qui est également la soeur de Perceval n'annonce pas que l'aventure sera racontée plus tard dans le roman, mais doit être placée à la fois dans le contexte des interactions fréquentes qu'on remarque entre le récit des enfances Lancelot et celui des enfances Perceval de Chrétien, et, en termes plus généraux, dans la série de références qui partent de ce roman pour trouver leur place dans une tradition arthurienne plus large telle qu'on la rencontre dans la chronique et le roman au douzième siècle. Comme je l'ai fait remarquer dans *Lancelot and the Grail*,[8] en termes généraux, l'allusion trouverait aisément sa place dans le contexte de la tradition du Graal comme elle est présentée dans l'oeuvre de Robert de Boron et dans le *Conte del Graal* de Chrétien. Chez Chrétien, Perceval semble clairement destiné à être le héros du Graal et il a eu, comme le lui dit sa mère, un père infirme; l'auteur ne nous dit pas le nom:

> Vostre peres, si nel savez,
> Fu parmi la jambe navrez
> Si que il mehaigna del cors.[9]

Le *Joseph* de Robert de Boron[10] et le *Merlin* en prose[11] basé sur son roman en vers, contiennent des prophéties qui prédisent l'arrivée d'un héros qui accomplira l'aventure du Siège Périlleux à la fois à la Table du Graal et à la Table Ronde et sera le petit-fils de Bron (Hebron) qui est le gardien du Graal (*Jos.* vers 2788-96, 2815-20). Merlin dit à Uther:

> 'Tant te puis je bien dire que il ne sera ja accompliz a ton tens ne cil qui engenderra celui qui acomplir le doit n'a encor point de feme prise ne ne set pas que il le doie engendrer; et covendra a celui qui doit accomplir cest leu acomplir avant celui dou vaissel dou Graal: car cil qui le gardent nou virent

onques acomplir, ne ce n'avendra mie a ton tens, mais ce sera au tens le roi qui aprés toi venra'. (*Merlin*, § 49, lignes 75-83)

Dans l'oeuvre de Robert de Boron, Bron a un fils qui s'appelle Alain. Dans le *Lancelot* en prose, la Dame du Lac donne à Lancelot une liste des grands chevaliers du passé, et cette liste comprend Joseph d'Arimathie et Pellés de Listenois qui, selon elle, 'encore estoit de celui lignage li plus hauz qant il vivoit,' et il faut noter qu'elle parle de lui comme s'il n'était plus en vie. Elle nomme aussi le frère de Pellés, Helais (ou Helains) li Gros, comme étant l'un de ces grands chevaliers des temps anciens (*LK* 146.22-24). Bien qu'aucune soeur de Perceval ne soit mentionée dans Chrétien, il y en a une qui joue un rôle dans la Deuxième Continuation de Perceval, mais on ne lui donne pas de nom. La forme Perlesvaus est utilisée dans douze manuscrits, et semblerait représenter une variante de la forme Perceval qu'on trouve dans dix manuscrits, plutôt qu'une allusion au *roman de Perlesvaus* où, comme je l'ai dit ailleurs, Alain (Julain) est le père de Perlesvaus, et dans lequel il n'y a pas de Siège Périlleux.[12] Par conséquent le passage concorde bien en gros avec les divers éléments de la tradition du Graal qu'on trouve dispersés dans les oeuvres de Robert de Boron et de Chrétien et dans la Deuxième Continuation.[13] On en trouve un parallèle dans les allusions aux guerres d'Arthur qui fournissent un arrière-plan au récit de l'enfance de Lancelot et de la perte de son héritage et de celui de ses cousins: ces allusions concordent en termes généraux avec la situation qu'on rencontre dans le *Brut* de Wace, sans qu'il y ait corrélation précise avec un quelconque événement particulier raconté dans ce texte.[14]

Examinons maintenant les problèmes posés par ces allusions une fois qu'elles sont installées à l'intérieur du contexte du roman cyclique considéré comme un tout. La référence à Heliene sans per ne présente nulle difficulté pour un scribe ou un lecteur, comme on peut d'ailleurs le constater par le petit nombre de variantes, car comme il l'est dit explicitement, la référence annonce un épisode qui sera et effectivement est raconté plus tard dans le roman. Mais pour un lecteur ou un copiste du cycle *Lancelot-Graal*, la situation est totalement différente en ce qui concerne cette allusion à la fille de Pellés. Je vais d'abord donner une liste des principaux points qu'il faut considérer; je les analyserai en plus grand détail lorsque j'examinerai les différentes tentatives de correction. Le premier point, relativement simple, c'est le changement de héros du Graal; quiconque connaissait bien le roman cyclique allait remarquer que ce n'etait plus

Perceval, mais Galaad qui, en tant que personnage destiné à être le héros du Graal, prend la place qui lui revient dans le Siège Périlleux, voit apertement les mystères du Graal et 'mène à fin' les aventures de Logres.[15] Le second point, à savoir la référence à Pellés, présente des difficultés plus complexes, car il règne une certaine confusion, dans les branches ultérieures du cycle, entre ce personnage, sa parenté avec le héros du Graal et avec Perceval, et son identification, qui est insolite, avec le Roi Mehaignié. Un problème supplémentaire est soulevé par le passage que j'ai déjà cité (*LK* 146.22-24), dans lequel Pellés de Listenois, membre de la lignée du Graal et décrit comme étant le frère de Helain le Gros, est mentionné par la Dame du Lac comme s'il était déjà mort.

J'examinerai d'abord la correction faite au manuscrit *A* (Corpus 45), et par la suite incorporée dans le texte du manuscrit *B* (British Library, Royal 19 BVII). Je replacerai ensuite cela dans le contexte des autres tentatives faites par les scribes ou les lecteurs pour éliminer quelques-unes des contradictions que contient le passage par rapport à des événements futurs qui seront racontés dans des branches ultérieures du cycle.

Dans *A*, 'qui fu peres Perlesvaus/Perceval' est corrigé comme suit: 'mere' est inséré en encre de couleur différente sur le grattage du nom du héros du Graal, et 'Galaaz' est ajouté dans la marge. Le changement de Perceval/Perlesvaus à Galaaz réconcilie le texte avec ce que Galaad va accomplir dans la *Queste* en ce qui concerne le Siège Périlleux, le fait qu'il va voir *apertement* le Graal, et le fait qu'il va 'mener à fin' les aventures de Logres. L'identification de Pellés comme grand-père de Galaad est en accord avec l'épisode de l'engendrement de Galaad et avec le récit des événements qui mènent à la *Queste*, où Pellés (sauf pour un passage, *LM* XCVIII 49, dont je discuterai plus tard) est le grand-père de Galaad.[16] Mais la correction ne peut éliminer la contradiction interne qu'on trouve dans la *Queste*, où, dans deux passages-clés, il est fait référence à Pellés comme étant et l'oncle de Galaad et un personnage distinct du Roi Pescheor,[17] alors qu'il est dans trois passages décrit comme étant le grand-père de Galaad et une fois explicitement identifié au Roi Pescheor.[18] *La Mort Artu* identifie également Pellés avec le grand-père de Galaad.[19] Et la correction dans le manuscrit *A* ne résout pas non plus de façon satisfaisante le problème de l'identification de Pellés à un roi mehaignié ou au personnage appelé Roi Mehaignié, une identification

27

qui crée conflit avec ce qu'on va trouver dans la *Queste*, où le Roi Mehaignié (distinct du roi Pellés et du Roi Pescheor) est identifié comme étant le roi Parlan et est guérie par Galaad.[20] Cette identification est aussi en conflit avec un passage dans la branche du cycle qu'on appelle souvent *L'Agravain*. Là on parle de Pellés comme étant le Roi Pescheor, sauf dans un seul passage où le Roi Pescheor est identifié au Roi Mehaignié décrit comme étant le père de Pellés.[21] La correction laisse un autre problème sans solution, parce qu'elle conserve la leçon 'cele fu sa suer', maintenant laissée en suspens par l'introduction de la référence à 'la mere Galaaz'.

Examinons maintenant d'autres tentatives faites pour améliorer ce passage relatif au héros du Graal, et commençons par celles qui prennent la forme de corrections sur un manuscrit. Le manuscrit British Library Royal 19 C XIII (*V*), qui abrège souvent, donne la leçon 'lo oncle Percevau', mais avec le nom 'Galaad' ajouté au-dessus. 'Lo oncle Percevau' cadrerait avec un passage de la *Queste* où une recluse parle à Perceval de 'Pellés vostre parent';[22] l'ajout de 'Galaad' au-dessus donnerait à Galaad le rôle approprié par rapport aux événement futurs dans la *Queste*, et cadrerait avec les références qu'on y trouve à Pellés oncle de Galaad, mais pas avec celles où il est son grand-père. On peut comparer avec B.N. fr. 754 (*Am*), qui, sans signe évident de correction par le scribe alors qu'il copiait le texte, s'arrange pour combiner la parenté père-fils entre Pellés et Perceval, et Pellés grand-père d'un autre héros du Graal, un héros qui n'a pas reçu de nom. En voici la leçon: 'qui fu peires Perceval et aious de celluy qui vit apertement etc...' Un manuscrit de Rouen, 1055 (06) (*At*), de nouveau sans signe de grattage, rature ou correction marginale, évite le nom de Pellés et celui du héros du Graal, mais garde la parenté père-fils: 'ce fu li rois peres a celui qui vit apertement... etc.' Dans Arsenal 3481 (*Ah*), Pellés est encore le Roi Mehaignié, mais le scribe biffe 'qui fu peres' après Pellés, et puis écrit: 'Et ycelle damoiselle fu puis mere Galaad le bon chevalier' et omet 'cele fu sa suer'.

Il existe aussi une large variété de leçons éparpillées dans toute la tradition manuscrite qui, si elles ne nous montrent pas le lecteur ou le scribe en plein processus de correction, nous donnent néanmoins des preuves de vaillantes tentatives pour éliminer les contradictions face à des aventures qui vont être racontées plus tard dans le roman cyclique. Un manuscrit, British Library, Additional

10293 (*J*), garde Pellés comme le Roi Mehaignié, mais, comme *Am*, en fait le grand-père du nouveau héros du Graal, Galaad, avec la leçon: 'qui fu peires a Amite meire Galaat', et pourtant garde la phrase: 'cele fu sa suer'. Mais il y a quand même un certain nombre de manuscrits qui, alors qu'ils conservent la référence au Roi Mehaignié et font du roi le grand-père du nouveau héros du Graal, évitent cette gênante combinaison mère-soeur. B.N. fr. 773 (*Ap*), par exemple, décrit Pellés comme 'l'aieus Galaaz', et remplace 'cele fu sa suer' par 'et ceste dame fu mere Galaaz'. Mazarine 3886 (*Aq*) écrit 'de qui yssu Galaad' et omet toute référence à la damoiselle comme soeur du héros du Graal. Un manuscrit de Rouen, 1054 (05) (*X*) dont le scribe apporte ailleurs des changements considérables au texte pour obéir à sa dame (apparemment pendant même qu'il est en train de copier le manuscrit, car il se voit parfois forcé d'admettre qu'il a omis quelque renseignement vital)[23] a une approche plus radicale. Le scribe omet toute référence à l'aventure du Siège Périlleux ou au héros du Graal et écrit: 'ce fu li rois Pelles qui si longuement ot le Graal en son ostel et qui tant en fu soutenuz. Celle damoiselle fu sa fille.' Le manuscrit de Chicago, Newberry Library, R.34 (*Bb*), s'attaque aussi au problème du Roi Mehaignié: 'fille au roi mehaignié qui freres fu le roi Pellés qui fu peres fu a la bele damoisele qui fu mere Galaad', et omet 'cele fu sa suer'.

A part le lien entre *A* et *B*, aucune de ces tentatives pour ôter les contradictions dans le texte ne respecte les familles de manuscrits,[24] et elles semblent toutes avoir été faites indépendamment les unes des autres. Il existe cependant un jeu de corrections spéciales à un groupe particulier de manuscrits étroitement liés par des leçons similaires tout au long d'une partie considérable du roman, un groupe qui font des efforts constants pour éliminer les contradictions et pour renforcer les liens dans l'ensemble du cycle. Ces manuscrits sont B.N. fr.110 (*L*), fr.113 (*N*), fr.111 (*G*) et Bonn 526 (82) (*Z*): non seulement ils remplacent *Perlesvaus/Perceval* par *Galaad ZG*) (*Galaus* dans *LN*), mais encore ils se débarrassent de la référence à 'le Roi Mehaignié' et font allusion à Pellés de Listenois (la leçon de B.N. fr. 111 (*G*) est similaire sauf pour 'adjoinct' au lieu de 'aiol'). Cette désignation Pellés de Listenois doit aussi être reliée à une autre leçon qu'on trouve plus tard dans le texte et qui ne se rencontre que dans ce groupe de manuscrits. Je parle du passage cité plus haut où la Dame du Lac fait allusion à Pellés de Listenois comme s'il était déjà mort: 'qui encore estoit de celui lignage li plus hauz qant il vivoit' (*LK*, p. 146.22-23).

Ces manuscrits corrigent: 'qui encor est de celui lignage li plus haus.' Un autre passage qui se situe plus tard dans le texte, et qui dans la vaste majorité des manuscrits semble placer les aventures du Graal dans le passé, et non dans l'avenir, est également corrigé dans le groupe de fr.110. Gauvain dit à ses compagnons que la quête pour le Chevalier Rouge qu'il les exhorte à entreprendre est 'la plus haute queste qui onques fust aprés celi do Graal'. Dans le groupe de fr.110, cela est transformé en 'la plus haute queste jusqu'al jor d'ui'.[25] Egalement ce groupe, comme quelques autres manuscrits, remplace la version de la naissance de Merlin, un Merlin non racheté, conçu spécialement pour expliquer de la façon la plus favorable les connaissances en magie de la Dame du Lac, par une version basée sur celle de Robert de Boron.[26] Ce groupe de manuscrits opère cependant une fois de plus comme une famille, tandis que les autres manuscrits qui reprennent la version de Robert de Boron donnent tous des versions de longueurs différentes et modifient de diverses façons le texte qui entoure ce passage.

La correction apportée dans *A* au passage traitant du héros du Graal, correction apparemment faite par un lecteur, et qui se trouve reprise par *B*, est par conséquent typique de la large variété de corrections apportées par des scribes ou des lecteurs individuels du roman cyclique, à une allusion qui ne causerait pas de difficulté particulière dans une version du *Lancelot* comme celui qu'on trouve dans 768, qui n'a pas de quête du Graal, mais qui utilise des allusions au Graal pour établir cette histoire de Lancelot au sein de la tradition arthurienne élargie. Mais dans le roman cyclique, avec une future quête par Galahad, l'allusion à Perceval devient très déconcertante, et pourtant elle est conservée dans une large gamme de manuscrits appartenant à des groupes différents, et la plupart des corrections semblent avoir été faites indépendamment les unes des autres. La situation dans *A* et *B* peut peut-être nous laisser entrevoir la façon quelque peu aléatoire dont certaines de ces modifications ont vu le jour. La situation dans le groupe de 110 est différente: dans cette version on semble se trouver en présence d'une tentative de révision du texte qui est bien organisée et bien conçue, une tentative de se débarasser des contradictions, de rassembler les fils de l'histoire, même s'il est curieux que ce groupe commence par la version non-cyclique du voyage en Sorelois et puis se tourne vers la version cyclique (*LK*, p. 574.6; *LM* II 9-10). 110 et d'autres membres de son groupe donnent une version distincte, dite version courte, du roman cyclique,[27] tandis que les modifications apportées par ces manuscrits à la partie antérieure du texte (jusqu'à l'installation de Lancelot comme Chevalier de la Table Ronde) sont petites, quoique bien conçues et effectuées avec une certaine cohérence.[28]

Il faut ajouter que *B* (Royal 19B VII) a hérité de Corpus 45 non seulement des variantes qui sont distinctives tout au long du texte mais aussi quelques curieuses positions d'initiales qui découpent le texte en paragraphes.[29] Mais on ne trouve pas dans *B* le même système de petites capitales en rouge et en vert, qui sont caractéristiques de *A* et semblent servir presque comme ponctuation et pour marquer le début d'une phrase. Le manuscrit de Rennes (Bibl. munic. 255) emploie les petites capitales un peu de la même façon mais quelquefois avec plus de logique que Corpus 45. La correction marginale que j'ai étudiée dans cet article n'est pas la seule que *B* a incorporée dans son texte. Il y a une lacune, commune aux deux manuscrits, que le scribe de *A* a dû trouver dans sa source. Le texte de *A* s'arrête à 506.5, 'et dit' ('et dist' dans *A*, f.65, la dernière feuille d'un cahier); une autre main médiévale, dans un autre encre, reprent le texte avec la phrase 'et Hector entre en la queste...', ce qui correspond à *LK*, p.524.39 'et Hestors antre an sa queste'. Le texte de *A* continue dans cette main et sans les initiales et les petites capitales en rouge et en vert si caractéristiques de ce manuscrit jusqu'à un endroit dans le texte qui correspond à *LK*, p.526.7. Les dernières lignes écrites dans cette seconde main sont les suivantes: 'efreez. r se taist ci endroit li contes del roi et de la roine a (*sic*) mon seignor G. qui est partis de la pucele qui le amena a la file le roi de Norgales si chevalche tant ce dit li contes sanz aventure trover qui a conter face qu'il est venuz chief (*sic*) l'ermite de la rouge montaigne qui molt grant honor li fist quant il se fu nomez'. Cela correspond à *LK*, p. 525.37 à p. 526.7. Le reste de la colonne est laissé en blanc et le texte est repris (*LK*, p. 526.4) au début de f.66 et d'un nouveau cahier dans la première main: 'Ci endroit dit li contes que mesire G. chevalche sans aventure trover dont a parler face tant qu'il est venus chiés l'ermite de la roge montaigne qui molt grant honor li fist quant il se fu només'.[30] Il paraît qu'un scribe ou un lecteur a utilisé une autre source pour combler une partie de cette lacune. *B*, où il n'y pas de changement de main, a adopté cette correction. Il est encore une fois évident que le manuscrit de Londres, Royal 19 B VII, descend directement du manuscrit de Cambridge.

Dans Corpus 45 nous avons donc deux bons exemples de la tendance médiévale d'améliorer le texte, surtout quand il s'agit d'un roman. Il y a aussi des notes marginales médiévales qui attirent notre attention sur quelques phrases du texte qui expriment de beaux sentiments au sujet de l'amour, par exemple, ou au sujet de la loyauté ou de la conduite qui convient à un jeune bachelier.[31] Ainsi Corpus 45, ce manuscrit modeste du treizième siècle, nous offre non seulement un bon texte du *Lancelot* en prose à une certaine étape de son évolution, mais aussi nous met en contact avec le lecteur médiéval et ses réactions à ce grand roman qui a été tant de fois copié et tant de fois lu à travers les siècles.

Elspeth Kennedy
University of Oxford

NOTES

1.　　Pour une description détailliée du manuscrit, voir G.Hutchings, 'Two hitherto unnoticed manuscripts of the French Prose *Lancelot*' dans *Medium Aevum* III (1934), pp. 189-94. Ses conclusions sont les suivantes: 'This portion of the manuscript was copied most probably in England... As for the date, it would seem reasonable to assign the manuscript to the middle of the thirteenth century.' Elle croit que les notes marginales sont 'in an English hand of a somewhat later date (?fourteenth century).'

2.　　Editions du texte: *Lancelot do Lac: the non-cyclic version of the Prose Lancelot*, éd. par Elspeth Kennedy, 2 vol., Oxford, 1980 (abbréviation *LK*), pour la première partie du texte jusqu'à l'installation de Lancelot comme chevalier de la Table Ronde; *Lancelot*, éd. par Alexandre Micha, 9 vol. Paris-Genève, 1978-87 (abbréviation *LM*).

3.　　Voir E.Kennedy, 'The scribe as editor', dans *Mélanges Jean Frappier*, Genève, 1970, Vol. 1, pp. 523-31. Un autre article, E.Kennedy, 'Editer un best-seller médiéval: le *Lancelot* en prose', est sous presse.

4.　　Voir F.Lot, *Etude sur le Lancelot en prose*, Paris, 1918, p. 120, n.15; J.Frappier, *Etude sur la Mort le roi Artu*, 3e édition, Genève, 1972, p. 454; A.Micha, dans *Romania* LXXXV (1964), pp. 297-8; A.Micha, *Essais sur le cycle du Lancelot-Graal*, Genève, 1987, pp. 19-27; J.Neale Carman, 'Prose *Lancelot* III, p. 29', dans *Romance Philology* VI (1952-3), pp. 179-86; E.Kennedy, *LK*, vol. II, pp. 89-90; E.Kennedy, *Lancelot and the Grail*, Oxford, 1986, pp. 150-1.

5.　　a) Les manuscrits:

A	Cambridge, Corpus Christi College, 45.
B	London, British Library, Royal 19 B VII.
E	Paris, Bibliothèque Nationale, français 96.
F	Paris, B.N. fr 98.
G	Paris, B.N. fr.111.
J	London, B.L. Add. 10293.
K	Oxford, Bodleian, Rawlinson Q.b.6.

L	Paris, B.N. fr. 110.
M	Paris, B.N. fr. 112.
N	Paris, B.N. fr. 113.
O	Paris, B.N. fr. 339.
P	Paris, B.N. fr. 344.
R	Paris, B.N. fr. 767.
T	Paris, B.N. fr. 16999.
V	London, B.L. Royal 19 C XIII.
X	Rouen, Bibl. munic., 1054 (05).
Y	Rome, Vatican, reg. Lat. 1489.
Z	Bonn, University Library, 526 (82)
Aa	Paris, B.N. fr. 118.
Ac	Paris, Arsenal, 3479.
Ad	Paris, B.N. fr. 751.
Ae	Paris, B.N. fr. 1430.
Af	Paris, B.N. fr. 121.
Ah	Paris, Arsenal, 3481.
Ak	Paris, B.N. fr. 341.
Am	Paris, B.N. fr. 753.
An	Paris, B.N. fr. 754.
Ao	Paris, B.N. fr. 768.
Ap	Paris, B.N. fr. 773.
Aq	Paris, Mazarine, 3886.
Ar	Rennes, Bibl. munic., 255
As	Oxford, Bodleian, Ashmole 828.
At	Rouen, Bibl. munic., 1055 (06).
Au	London, B.L. Royal 20 D III.
Av	London, B.L. Lansdowne 757.
Ax	New York, Pierpont Morgan Library, 805.
Ay	Madrid, Bibl. Naz., 485 (ex. B.14).
Az	Escorial, Bibl. monast., 1 P II 22.
Ba	Florence, Biblioteca, Mediceo-Laurenziana, Laur. 89 inf. 61.
Bb	Chicago, Newberry Library, R.34.
Bc	Berkeley, Bancroft Library, UCB 107.
Bd	Geneva, Fondation Martin Bodmer, Cod. Bodmer 105.
Ez	Edition, *Lancelot du Lac*. Vol. i, Rouen, Jehan et Gaillard Le Bourgeois, 1488.

5. b: Les variantes:

33.9 au roi mehaignié] *Ao et tous les MSS sauf les suivants*: au roy brehaigne *T pas dans LNGBd. MAz ne contiennent pas le passage sur le héros du Graal. Ba est illigible.*

ce fu li rois Pellés] *AoOPAnAmAhXYABJAuBcAs* ce fu pelles *Ap* ce fu li rois perles *ArAkEAfK* ce fu le roys peleis *F* fille le roi pelles de listenois *LNGZ* cil fu li roys perles de listenois *T* fill au roi pelles le roi mehaingne *V* nomme perles *Ez* qui auoit nom le roy pelles *Aq* qui auoit nom ly roys pales *AaAc* qui freres fu le roi pelles *Bb* au roi pelles *Bd* qui fu peres Perlesuaz] *AoAkArEz* qui fu peres peillesuax *O* qui fu peres perleuax *P* qui fu peres pelesuaus *Af* qui fu peres pellesuaus *An* qui fu peres perceual *EFTAuBcAs* qui peres fu perceuaus *Y* qui peres fu percheual *K* qui fu peres perceuaulx *AaAc* qui fu peres perceual et aious de celluy qui *Am* qui fu peires a amite meire galaat *J* de qui yssu Galaad *Aq* qui fu aiouls a galaad *Z* qui fu adioinct a celui galaad *G* qui fu aieuls a galaaus *LN* qui fu aieus. Galaaz *Ap* qui fu peres *effacé* Et ycelle damoiselle fu puis mere Galaad le bon chr *Ah* qui fu peres *puis* a la mere *inseré à l'endroit effacé dans une encre de couleur différente et* galaaz *ajouté dans la marge A* qui fu peres a la mere galaaz *B* lo oncle perceuau (Galaad *ajouté dessus*) *V* qui fu peres fu a la bele damoisele qui fu mere galaad *Bb* qui yssit delle galaat a celuy qui *Bd* ce fu li rois pelles perlesuax *Ad* ce fu li rois Perlesuax *Ax* ce fu li rois peres a celui qui uit *At*

33.9-12 ce fu li rois pelles qui si longuement ot le graal en son ostel et qui tant en fu soutenuz celle damoiselle fu *X*

33.10-11 *Aucune mention de l'aventure du Siège Perilleux dans F ni X.*

33.12-13 cele fu sa suer] *AoEFOPTAaAcAdAfAkAnArAtYABJAuBcAxKAs* cele fu sa mere *GLNZ* et ceste dame fu mere galaaz *Ap* cele damoisele fu sa fille *X Aucun équivalent dans AhAmAqEz voir variantes à 33.9 pour la leçon de Bb*

33.12-14 et celle qui fut de si grant beaute auoit *Bd*

33.15 Amide] *AoAmEOPAdAfAnApBbAxBcABAhVArXAtKYEzAs-Bd* annide *Aa* amude *Ac* amite *J* amides *Au* aude *Ak* enide *FT* emide *Aq*

Heliabel] *AoOAkAnArAtAc* helyabel *Aa* eliabel *FPAdAxAsVEz* Elyabel *AfAqXY* helizabel *EBcJAh* elysabel *K* elizabel *AmT* elazabel *Ap* elizabet *AAu* elizabeth *B dans Ez les noms de la fille sont donnés avant la référence à Pelles* et an son droit non Heliabel *ni dans Bb ni Bd*

33.14-20 apareillier. Et de li parlera encore le contes chi apres. En cel tans *LNGZ*

(*LK*, vol. II, 89)

6. *Lancelot and the Grail*, chapitres II, III, IV, VI, et IX.

7. *LK* 519-24.

8. *Lancelot and the Grail*, chapitre VI.

9. Chrétien de Troyes, *Le Roman de Perceval ou le Conte du Graal*, éd. par W.Roach, Genève-Lille, 1956, vers 435-7.

10. Robert de Boron, *Le Roman de l'Estoire dou Graal*, éd. par W.A.Nitze, Paris, 1927; abbréviation *Jos*.

11. Robert de Boron, *Merlin*, éd. par A.Micha, Paris-Genève, 1980.

12. *LK* vol. II, p. 90. Dans *Le Haut Livre du Graal: Perlesvaus*, éd. par W.A.Nitze et T.Jenkins, Chicago, 1932-7, 2 vols (abbréviation *Perl*.), Pellés est oncle de Perlesvaus et frère du Roi Pescheor.

Perl., lignes 36-8: 'De cel lignage fu li Buens Chevaliers por coi cist hauz estoires est tretiez. Iglais ot non sa mere, li Rois Peschierres fu ses oncles, e li Rois de la Basse Gent, qui fu nomez Pelles, e li Rois du Chastel Mortel.'

Lignes 1079-1081 La mère de Perlesvaus dit: 'Mi frere me sont trop lointain, e li Rois Peschierres est cheüz en langeur, e li rois Pelles de la Basse Gent a guerpie sa terre por Dieu e est entrez en .i. hermitage.'

Ligne 1644 Joseus est fils de Pelles.

Le Roi Pescheor est malade, il n'y a pas de personnage appelé le Roi Mehaignié.

13.	E.Kennedy, *Lancelot and the Grail*, pp. 150-1.

14.	E.Kennedy, *Lancelot and the Grail*, pp. 79-89.

15.	*La Queste del Saint Graal*, éd. par A.Pauphilet, Paris, 1923, p. 8, pp. 227-8. *La mort le roi Artu*, éd. par J.Frappier, 3e édition, Genève-Paris, 1964, § 3, lignes 38-41.

16.	a) Pellés, grand-père de Galaad, seigneur de Corbenic (qui n'est pas mehaignié) dans *LM*:
	LM LXXVIII Lancelot rencontre un roi qui dit qu'il est Pellés de la Terre Foreinne, seigneur de Corbenic. Lancelot engendre Galaad avec la fille du roi Pellés.
	LM LXXIX 1 La damoisele dit à Lancelot 'Je sui .I. damoisele, fille au roi Pellés de la Terre Foreinne.'
	Pendant toute la visite de Lancelot à Corbenic, le roi est toujours identifié comme Pellés.
	LM LXXXI 4, 5 Bohort vient à la cour du roi Pellés de la Terre Forainne à Corbenic.'
	LM XCVIII 20 Bohort revient à la cour de Pellés.
	LM CVI 45 Hector explique à Perceval ce que c'est que le Graal et dit: 'Et encor en est li rois Pellés repeuz chascun jor et toute sa mesnie.'
	LM CVII 22-42 Pellés fait transporter Lancelot au Palais Aventureus où il est guéri de sa folie par le Graal. (On ne parle pas du Roi Pescheor ici).

16.	b) Le nom Roi Pescheor est souvent employé au lieu du nom Pellés par rapport au même personnage mais dans un autre épisode. Par exemple:
	i) Dans les chapitres LXXVIII, LXXIX qui racontent les aventures de Lancelot à Corbenic et l'engendrement de Galaad, on ne parle que du roi Pellés, seigneur de Corbenic, qui sera le grand-père de Galaad. Plus tard, quand Lancelot raconte ses aventures au roi Arthur (*LM* LXXXIV, 70) le nom de Pellés est absent:

		'Lors conmance Lanceloz a conter conment il vint chiés le Roi Pescheor et conment il ocist le serpent qu'il trova sos la tombe el cimetire et conment li Sainz Vaisiax raempli les tables de toutes les beles viandes; mais il ne lor conte pas conment il avoit esté deceuz de la bele damoisele, la fille au Roi Pescheor.'

	ii) Hector cherche des nouvelles de Lancelot. Une damoisele lui parle d'un chevalier fou:

		'Si maïst Diex, fait ele, je n'en sai fors tant que aventure l'amena en cest païs tout fors del sens, mais chiés le Roi Pescheor fu gariz et maintenant vint en ceste ille et esploita ainsi come je vos ai dit.' (*LM* CVIII 3).

A comparer avec *LM* CVII 22-42 où on ne parle que du roi Pellés.

17.	Dans la *Queste*, Pellés est quelquefois l'oncle de Galaad et un personnage distinct du Roi Pescheor:

		Queste, p. 8, lignes 18-20 Galaad dit: 'Et saluez moi toz cels dou saint hostel et mon oncle le roi Pellés et mon aiol le Riche Roi Pescheor.'
	Queste, p. 266, lignes 14-15 'Et li rois Pellés plore sus Galaad son neveu ' (à Corbenic).

18.	Dans la *Queste*, Pellés est le plus souvent grand-père de Galaad (le Roi Pescheor est toujours grand-père de Galaad):

Queste, p. 20, lignes 1-4: 'Et neporquant as paroles que la reine i aprist conut ele veraiement qu'il estoit filz Lancelot et qu'il avoit esté engendrez en la fille le roi Pellés, dont ele avoit maintes foiz oï parler.'

Queste, p. 137, lignes 20-21: Lancelot apprend que Galaad est son fils: 'Tu l'engendras en la fille le roi Pescheor.' On lui dit un peu plus loin: 'Car tu sez bien que la fille le roi Pellés coneus tu charnelment et ilec engendras tu Galaad.' (p. 138, lignes 12-13).

Queste, p. 259, lignes 21-22: 'Et li rois (identifié un peu plus haut comme Pellés, p. 259, ligne 14) li dit les noveles de sa bele fille qui ert morte, cele en qui Galaad fu engendrez.'

19.   Dans *La Mort Artu*, Pellés est le grand-père de Galaad:
Mon Artu, § 30, lignes 81-81 La fille le roi Pellés, dont Galaaz li tres bons chevaliers fu nez.

20.   Dans la *Queste*, le Roi Mehaignié est distinct du roi Pellés et du Roi Pescheor:
Queste, p. 10, lignes 14-16 Les dames de la cour du roi Arthur parlent du chevalier qui a accompli l'aventure du Siege Perilleus: 'Et par ceste aventure puet len bien conoistre que ce est cil qui metra a fin les aventures de la Grant Bretaigne, et par cui li Rois Mehaigniez recevra garison.'

Queste, p. 16, lignes 12-16 A mesure que le Graal passait auprès des tables, elles se trouvaient garnies, devant chaque convive, des mets qu'il désirait. Gauvain dit: 'Et ce n'avint onques mes en nule cort, se ne fu chiés le Roi Mehaignié.'

Queste, p. 209 Le Roi Mehaignié est appelé le roi Parlan. Il a trouvé la nef de Salomon, il y est monté. La soeur de Perceval explique à Galaad:

'Quant il ot trovee ceste espee, si la trest del fuerre tant com vos poez veoir, car devant ce ne paroit il point de l'alemele. Et toute l'eust il trete sanz targier; mes maintenant entra laienz une lance, dont il fu feruz par mi oultre les deus cuisses, si durement qu'il en remest mehaigniez si com il apert encore, ne onques puis n'en pot garir, ne ne fera devant que vos vendroiz a lui.'

Queste, p. 271.15-17 Galaad doit guérir le Roi Mehaignié:
'Et neporec, por ce que ge ne voil pas que tu t'en ailles de cest païs sanz la garison au Roi Mehaignié, voil je que tu pregnes del sanc de ceste lance et li en ong les jambes: car ce est a chose par quoi il sera gariz, ne autre chose nel puet garir.'
pp. 271-272 Galaad guérit le Roi Mehaignié.

21.   Dans *LM*, le roi Pescheor est une fois identifié au Roi Mehaignié et décrit comme étant le père de Pellés.

LM XCVIII 49 Le roi Pellés demande à Bohort:

'Sire, por Deu, veistes vos mon pere? - Certes, fait il, je n'en connois point. - Sire, fait il, ce est li rois mehaingniez que l'an apela le Roi Pescheor, li plus hardiz chevaliers et li plus prodom qui fust a nostre tens. - Et conment fu ce, fait Boorz, qu'il fu mehaingniez? - Sire, ce fu par la force qu'il fist, quant il trest l'espee del fuerre qui ne devoit estre traite devant que cil l'an otast qui les aventures dou Saint Graal doit achever; et por ce qu'il la trest sus le deffens qui mis i estoit fu il feruz de l'espee meismes par mi les cuisses si qu'il an fu mehaingniez, et n'avra ja garison devant que li bons chevaliers vendra qui des goutes dou sanc de la lance li oindra ses plaies.'
A comparer avec la *Queste* où ce personnage est appelé Parlan et n'est pas identifié avec le Roi Pescheor.

Dans *LM* il y a aussi une allusion assez mystérieuse à la chambre du roi mehaignié. Hélie de Toulouse parle à Galehot du chevalier qui 'l'aventure del Graal achevera' et cite une prophétie de Merlin:

LM IV 38 'Et si nos dist Merlins qui encore ne nos a menti de rien que de la chambre al roi mehengnié de la Gaste Forest Aventureuse en la fin del roialme de Lisces vendra la merveilleuse beste qui sera esguardee a merveille es plains de la Grant Montaigne. Ceste beste sera diverse de totes autres bestes, kar ele avra viaire et teste de lion et cors d'olifant et autre menbres; si avra rains et nonbril de pucele virge enterrine...'

22. Une recluse dit à Perceval: 'Il (Dyabiaus) ala servir le roi Pellés vostre parent por avoir armes.' *Queste*, p. 81, ligne 7.

23. Voir E.Kennedy, 'Two versions of the False Guinevere Episode', dans *Romania* LXXVII (1956), pp. 102-3; E.Kennedy, 'The Scribe as editor'.

24. Pour les relations (souvent assez instables) entre les manuscrits, voir *LK*, vol. II, pp. 9-37; A.Micha, 'La tradition manuscrite du *Lancelot en prose*' (premier article), dans *Romania* LXXXV (1964), pp. 293-318.

25. 'Seignor chevalier, qui ores voudra entrer an la plus haute queste qui onques fust aprés celi do Graal...' *LK* 297.20.

26. Pour les différentes versions de la naissance de Merlin, voir *LK* 21-23, *LK* vol. II, pp. 12-19. Pour la fonction de ce récit dans la structure du roman, voir E.Kennedy, 'The role of the supernatural in the first part of the Old French *Prose Lancelot*', dans *Studies in Medieval Literature and Language in Memory of Frederick Whitehead*, Manchester, 1973, pp. 173-84; E.Kennedy, *Lancelot and the Grail*, pp. 111-115.

27. Pour les deux versions du *Lancelot-Graal*, voir A.Micha, *Essais sur le cycle du Lancelot-Graal*, pp. 31-56.

28. Voir 'The scribe as editor', pp. 527-8, and *LK*, vol. II, p. 38, n.1.

29. Voici un exemple typique d'une position inattendue d'une lettre initiale. Je donne le texte de mon manuscrit de base, B.N. fr. 768, où il n'y a pas d'initiale:

'Ce vos dirai ge bien, fait Phariens: il est bien droiz, puis que l'an voit venir gent desor lui a armes, que l'an se contretaigne et garnisse tant que l'an saiche lo quel en i puet atandre, o paiz o guerre. Et por ce que nos ne savomes quex genz c'estoient, por ce fu la citez contretenue. Mais se vos creantez a venir laianz comme sires an boene paiz, ge la vos feroie ovrir tot maintenant.' (*LK, p.* 115, lignes 30-35)

Dans *A* et *B*, la dernière phrase du discours de Pharien est isolée de ce qui la précède par une initiale qui marque le début d'un paragraphe: 'Mais..'

30. G.Hutchings ('Two hitherto unnoticed manuscripts of the French Prose *Lancelot*',p. 193) cite un autre exemple d'une partie d'une feuille (f.97v) laissée en blanc: "Tiels estoit li vals com vos avés oï et par cele aventure fu clos a tos cels qui enterroient, mes desore est bien raisons et tens de conter coment li dux i entra et l'aventure qui li avint.' The remainder of this folio is left blank, and the narrative is resumed at the beginning of the next quire (f.98r) as follows: 'Or dist li contes quant li dus fu partis del vaslet qu'il laissa a la chapele..." Cela correspond à *LM* XXII 8-XXIII 5, et cette fois il n'y a pas de lacune dans le texte.

31. Des notes marginales nous conseillent de noter bien, entre autres, les passages suivants, (je cite suivant le texte de mon édition):

'Mais por lui avant et por moi aprés vos otroi ge moi et m'amor, si comme leiaus dame doit doner a leial chevalier.' (*LK* p. 569.13-15)

'Haï! regnes de Benoyc et celui de Gaunes, tant m'avroiz pené et travaillié. Tant fait grant folie, avocques lo grant pechié qui i est, cil qui autrui desherite et tost sa terre, car ja aseür une seule ore, ne par nuit ne par jor, n'i dormira. Et mout a petit seignorie sus son pueple cil qui les cuers n'an puet avoir. Voirement est nature dome et commenderesse sor toz establissemenz, car ele fait amer son droiturier seignor desor toz autres.' (*LK*, p. 81, 25-31)

'Et garde que tant com tu seras en enfances, se tu ies en leu o l'en consaut de granz affaires, que ja [ta] parole n'i soit oïe ne tes consauz jusqe la que [tuit] li plus ancien de toi avront parlé.' (*LK*, p. 85.28-31)

LA *CHRONIQUE D'UN MÉNESTREL*

DE REIMS (MS 432)

Le charme et l'originalité du texte que l'on peut lire dans le manuscrit 432 conservé à la Parker Library de Corpus Christi College[1] ont souvent été mis en avant par la critique. Il s'agit en effet de l'oeuvre connue par ailleurs sous le titre de *Récits d'un Ménestrel de Reims*, oeuvre qui conte avec verve des faits allant de l'avènement de Louis Le Jeune jusqu'aux dernières années du règne de Louis IX.

La relation est le plus souvent anecdotique et le texte, possédant assurément plus de valeur littéraire qu'historique, se laisse difficilement enfermer dans le genre de la chronique. Le nombre des manuscrits qui le conservent ainsi que la postérité qui a été la sienne dans les derniers siècles médiévaux donnent à penser qu'il a été écouté ou peut-être lu avec succès et fort longtemps, non seulement sur le continent mais aussi en Angleterre.

Les Manuscrits des Récits d'un Ménestrel de Reims.

Au dix-neuvième siècle les premiers éditeurs du texte ont lu ce texte en se plaçant chacun dans une perspective différente. Louis Paris dès 1837 éditait un manuscrit conservé à la Bibliothèque Nationale (f.fr. 24430) en lui donnant pour titre *La Chronique de Reims*[2]; il indiquait ainsi combien il avait été surpris par l'importance et le nombre de détails se rapportant à la Champagne et plus particulièrement à l'échevinage de Reims. En 1856 Maurice de Smet préféra le titre de *Chronique de Flandre et des Croisades* lorsqu'il édita un autre manuscrit conservé à la Bibliothèque Royale de Bruxelles (10478-10479)[3]. Dans cette relation qui évoque tantôt les expéditions d'outre-mer, tantôt les affaires politiques des pays du Nord, il voyait un témoignage historique portant sur un espace plus vaste, s'étendant du monde occidental au monde méditerranéen.

C'est Natalis de Wailly qui en 1876 donna pour la première fois une édition scientifique du texte[4] en se servant de six manuscrits: Londres, Br. Libr. Add. 11753 (MS A), Rouen, Bibl. Mun. 1142 (MS B),

Paris, B.N. fr. 10149 (MS C), Bruxelles, Bibl. Roy. 14561-14564 (MS D), Paris, B.N. fr. 24430 (MS E) et Londres, Br. Libr. Add. 7103 (MS F). Dans son introduction il justifie longuement le titre qu'il a choisi à son tour: *Récits d'un Ménestrel de Reims*. Sensible au style alerte, à la présence d'anecdotes, de fables et d'expressions populaires, il préfère parler de 'récits' et non plus de 'chronique', ajoutant le terme 'ménestrel' pour indiquer le caractère oral qu'il percevait dans ce texte. C'est ce titre choisi par Natalis de Wailly qui est employé encore maintenant. La datation des manuscrits qu'il propose, sans être définitive, peut être reprise avec prudence: les manuscrits A, B, D, E semblent être du XIVe siècle; les autres, C et F, sont plus récents. Le texte lui-même aurait été composé après 1263 au plus tôt.

Depuis cette édition d'autres manuscrits ont été mis au jour et certains ont été étudiés partiellement:
- En 1879 Kr. Nyrop a décrit un manuscrit conservé à la Bibliothèque Royale de Copenhague (MS 42 du Catalogue Abraham, Anc. Fds. Royal 487), dans un article 'Notice sur un nouveau manuscrit de la *Chronique de Reims*'[5]. Ce manuscrit (MS G) est parmi les plus anciens (début du XIVe siècle) et contient selon Kr. Nyrog une version proche de celle du manuscrit D.
- En 1928 William Shephard publia une étude intitulée 'A new manuscript of the *Récits d'un Ménestrel de Reims*'[6]: il y présente un autre manuscrit (MS H) conservé au British Museum, Harley 3983, sous le titre de *A French Chronicle of France and England, with some references to the Crusades*. Le texte, selon W. Shephard, semble avoir été copié par un scribe pressé et peu soigneux et contient des leçons fautives en particulier pour les noms propres; cependant il se trouve à côté d'un *Roman de Florimont* signé par un certain thomas Le Huchier et daté de 1323; puisque, comme l'indique W. Shephard, l'écriture des deux textes est relativement identique, n'y a-t-il pas là une indication précieuse pour dater cette copie des *Récits du Ménestrel de Reims* et pour y voir une des versions les plus anciennes?
- Plus récemment, en 1971, Donald Tappan a tenté de faire le point sur ces dix premiers manuscrits dans une étude intitulée 'The manuscripts of the *Récits d'un ménestrel de Reims*'[7]. Il prit alors en compte les manuscrits I et J, tous deux copiés au XVe siècle. Le manuscrit I est conservé à Rouen, Bibl. Mun. 1146[8] et nous savons qu'il fut copié en 1467 par un religieux de Saint-Wadrille; la *Chronique de Reims* y est d'ailleurs réduite à une vingtaine de folios. Le manuscrit J conservé à Bruxelles (B. R. 10478-10479)[9] est

également du XVe siècle et a fait partie de la bibliothèque des ducs de Bourgogne. Le texte du *Ménestrel de Reims* y est placé après les *Chroniques abrégées de Baudouin d'Avesnes* et après *Le livre des Mervelles et notables faits depuis la creation du monde* compilé en 1403 par le chroniqueur liégois Gilles Le Bel. En 1983 Donald Tappan consacra quelques pages au manuscrit K conservé sous la cote 432 à la Parker Library de Corpus Christi College à Cambridge: 'An eleventh manuscript of the *Récits d'un ménestrel de Reims*'[10]. Sa conclusion est que ce manuscrit est celui d'un scribe intelligent, consciencieux et vraisemblablement indépendant dont il faudrait tenir compte dans une prochaine édition.

Il convient d'ajouter à cette liste le manuscrit du Vatican (Reg. 1964)[11], datant du XVe siècle et contenant des fragments de chroniques dont la plupart reproduisent exactement des passages des *Récits du Ménestrel de Reims*. De même a été retrouvé le manuscrit de Turin, B.N. 1675 (L. IV. 22)[12], daté du XIVe siècle, mais qui malheureusement a été très endommagé lors d'un incendie. Enfin deux manuscrits copiés au XIXe siècle peuvent être signalés: d'une part celui de Paris, B. N., MS fr. 13566 qui est une copie des manuscrits de la British Library, MS Add. 7103[13] et MS Add. 11753, d'autre part celui de Paris, B. N. nouv. acq. fr. 4115-4116 qui reproduit également le texte du manuscrit de la British Library Add. 11753.

Dans la plupart de ces manuscrits les *Récits d'un Ménestrel de Reims* se trouvent en compagnie d'autres textes avec lesquels ils ont quelques points communs. Le principe d'organisation de ces recueils est précieux pour qui s'interroge sur la façon dont une oeuvre était perçue au moment où elle a été conçue ou copiée. Ainsi le fait qu'il s'agisse le plus souvent de recueils rassemblant plusieurs chroniques prouve que les récits ont été assimilés à ce genre historique[14]. Dans le manuscrit D (Bruxelles, B. R. 14561-14564), par exemple, après deux lettres sur l'Inde, on trouve les *Grandes Chroniques de France jusqu'à Charles le Chauve*, la *Chronique abrégée des Rois de France*, le *Récit d'un ménestrel*, puis la *Chronique artésienne* qui conte des événements se déroulant de 1295 à 1304. Le manuscrit I (Rouen, Bibl. Mun., MS 1146) contient *La Chronique française de Guillaume de Nangis*, puis *la Chronique de Reims*. Dans le manuscrit J (Bruxelles, B. R., 19478-19479) le texte suit les *Chroniques abrégées de Baudouin d'Avesnes* (jusqu'en 1248). Dans le manuscrit G (Copenhague, Anc. Fds Royal, MS 487), le texte se trouve non seulement en compagnie de la *Chronique de France*, de la *Chronique de Turpin* et de la *Chronique de Robert de Clari*, mais aussi d'une adaptation anonyme d'une oeuvre de Pierre Alphonse connue sous le titre de *Chastoiement d'un père à son fils*[15]. Y a-t-il là un simple hasard? En tout cas, une des fables animales qui agrémentent les *Récits du ménestrel de Reims* (éd. N. de W. § 461-465), la fable de la mésange, est un emprunt à l'oeuvre de Pierre Alphonse. Enfin deux manuscrits contiennent en même temps des oeuvres du poète Adenet Le Roi qui travailla en Flandre, d'abord auprès du duc de Brabant Henri III, puis auprès de Gui de Dampierre[16]: dans le manuscrit B (Rouen, Bibl. Mun., MS 1142) le texte qui nous intéresse ici est présenté sous le titre de *Chronique de Godefroi de Bouillon* comme s'il s'agissait d'une histoire des croisades, mais il précède une version du *Roman de Berthe*. Le manuscrit E (Paris, B. N., MS fr. 24430), quant à lui, est plus complexe puisque, à côté du roman de *Cléomadès* d'Adenet Le Roi, il contient, outre notre texte, des *Vies des Pères du Désert*, les *Chroniques de Tournay*, la *Chronique d'Eracle*, la *Lettre de Jean Villiers sur la Prise d'Acre* et quelques contes. Ainsi la richesse du texte est confirmée: tantôt tourné vers les événements d'outre-mer, tantôt vers les pays de Flandre et du Nord.

Quant au manuscrit C (Paris, B. N., f. fr. 10149), bien qu'il soit plus récent que les autres, il est particulièrement intéressant puisqu'il a des liens indubitables avec la Champagne. Il s'agit en fait de deux manuscrits reliés ensemble, très élégants, d'apparence luxueuse; copiés sur un parchemin fin et blanc, ils ont appartenu à Antoinette de Bourbon, femme de Claude de Lorraine, duc de Guise au XVIe siècle. On peut y lire deux textes: *La Vie de Saint Louis* par Jean, sire de Joinville, du folio 1 au folio 154, puis, pendant les 54 folios suivants, la *Chronique dite de Reims*. Seul le premier texte contient des miniatures d'une grande finesse; celui qui nous intéresse ici n'est malheureusement pas illustré. Les rapports des Guise avec la Champagne et en particulier avec le château de Joinville sont bien connus et la présence de la *Chronique du Reims* dans ce volume a un double intérêt: évoquer des événements qui sont en partie contemporains de ceux que raconte Joinville - les dernières années du règne de Louis IX - et rappeler les querelles qui agitèrent la région de Reims quelque temps auparavant. Nous pouvons trouver ici la preuve que des seigneurs lettrés et bibliophiles comme les Guise étaient curieux de leur passé et de celui de leur région.

La vogue des *Récits d'un Ménestrel de Reims* est bien attesté jusqu'à la fin du Moyen-Age. Plusieurs chroniqueurs s'y sont référés et parfois ont abondamment puisé dans ce texte pour composer leurs oeuvres[17]: ainsi c'est vraisemblablement une des sources de la *Chronique de Flandre* du XIVe siècle conservée dans le manuscrit de Bruxelles, B. R. 10232. Des pans entiers des *Récits* réapparaissent aussi dans la *Chronique Normande* de Pierre Cochon, en particulier tout ce qui concerne la brève histoire du Jeune Roi, c'est-à-dire Henri au Court Mantel[18]. Un manuscrit conservé à Paris, (B.N. f. fr. 9222) et copié par David Aubert au XVe siècle pour la cour de Bourgogne contient entre autres une *Chronique abrégée en français* commençant en 1095 et allant jusqu'en 1328 dans laquelle on peut reconnaître certaines pages des *Récits d'un Ménestrel de Reims*. De même peut-on déceler l'influence de cette chronique sur le *Miroir des Histoires* de Jean d'Outremeuse[19] et sur *La Geste des Nobles Français*[20]. Ainsi l'importance de notre texte est à coup sur plus grande qu'on ne l'a longtemps pensé: le nombre des manuscrits qui le conserve, soit sous forme abrégée, soit sous forme complète, en apporte la meilleure preuve.

Le Manuscrit de Cambridge.

Au sein de cet ensemble[21] le manuscrit K présente une originalité certaine. Contrairement aux autres manuscrits décrits précédemment, il ne contient pas d'autres textes que celui des *Récits d'un ménestrel de Reims* et l'aspect du manuscrit autant que son histoire ne sont pas sans intérêt. De petit format (13.5 x 19.5cm.), maniable, le volume est à la fois facile et agréable à consulter. Une écriture large, bien régulière, pouvant être datée du XIVe siècle, couvre les 116 folios de parchemin pour la plupart brunis par le temps. Le texte est lisible, peu raturé, et aéré tout au long du manuscrit par des paragraphes qu'encadrent majuscules et bouts-de ligne discrets. Au verso de la dernière page (f. 116v) un texte en latin, presque totalement effacé, ne se laisse deviner que difficilement[22]. Le charme du manuscrit tient en grande partie à la présence de miniatures et de quelques dessins de marge. Inscrit dans un cadre aux bords alternativement bleu et rose, le sujet de chaque miniature se détache sur un fond à la dorure épaisse tandis que la miniature se prolonge en arabesques le long de la page. C'est là qu'apparaissent des dessins de marge naïfs et drôles: toujours étrangers au texte ils sont empruntés au bestiaire - oiseaux, poules (ff. 34, 69) cerf poursuivi par un chien (f.

93) - ou au fantastique - grotesques, poissons chevauchés par des personnages (f. 85v, 100, 115) - ou encore au monde religieux - anges ou clercs (f. 100).

Sur les onze miniatures du manuscrit[23] certaines sont malheureusement en mauvais état, mais celles qui sont encore bien lisibles apportent au texte un commentaire souvent précis et savoureux. Ces miniatures ne sont pas systématiquement placées aux articulations du récit et interviennent parfois au beau milieu d'un épisode. Pourtant les scènes représentées sont toujours en relation étroite avec le récit; le peintre a, semble-t-il, voulu fixer certains événements politiques d'importance: mariages, redditions, couronnement, expéditions ou batailles décisives. Couronnes, mitres, tonsures, armes suffisent pour identifier les évêques, souverains, abbés ou chevaliers qui par ailleurs sont désignés par leur nom dans le récit. Au symbolisme des objets s'ajoute celui des gestes: main levée pour prêter serment, lettre tendue à son destinataire, etc. Ainsi au f. 6 devant une ville et une église est célébrée l'union du comte de Ponthieu avec la soeur du roi de France en présence du roi Philippe; au folio 24v le roi Richard, siégeant sur son trône, remet à son chevalier une lettre de défi afin qu'il aille la porter au roi de France (les deux moments de la scène sont représentés simultanément); au f. 67 une querelle oppose deux hommes en présence du roi Philippe, lui aussi assis sur un trône: il s'agit du comte Gaucher de Saint Pol et du comte Renaut de Boulogne que des témoins tentent de séparer; enfin au folio 83v le jeune Louis est couronné roi par l'évêque Jacques de Soissons en présence de sa mère, la reine Blanche: la miniature reprend ici fidèlement le contenu du paragraphe qui précède.

La miniature qui démontre de la façon la plus probante la relation étroite qui existe entre le texte et l'image se trouve au f. 114: l'archevêque de Reims, Thomas de Baumez, y est représenté en train de remettre à la reine de France, assise sur un trône, une fleur de lys et une lettre. Le récit nous apprend que par ce document l'archevêque reconnaît détenir du roi de France la garde de l'abbaye de Saint Remi. La miniature est complétée par la lettrine T (au début du mot 'Thomas') dans laquelle s'inscrit la silhouette d'un roi: au-dessus de lui veille la figure de Dieu. Dans la marge inférieure un petit personnage à genoux présente un livre ouvert tandis que sur la marge de droite un ecclésiastique tient un rouleau sur lequel peut se lire une inscription reprenant exactement la première ligne de la page 114: 'Li arcevesque

44

respondi et dist: 'Oyl. Lors'.' Il est rare de trouver autant de signes liant le récit et l'iconographie d'un manuscrit et de surprendre ainsi le soin avec lequel les éléments de décoration ont été choisis.

Les scènes de bataille et le départ en croisade ont leur place parmi les sujets traités par le miniaturiste. Au f.32 l'affrontement de deux armées, celle du roi Richard d'Angleterre et celle du roi Ferrant d'Espagne, est nettement suggéré et correspond à la description des paragraphes qui encadrent la miniature: chevaux caparaçonnés, épées brandies en l'air, boucliers serrés sur les armures; au f. 39v une scène similaire suggère la rencontre des armées du roi Jean et du soudan de Babylone (scène qui est racontée aux paragraphes 153-155 de l'édition de Natalis de Wailly); quant à la miniature du f. 91, elle montre deux embarcations chargées de passagers parmi lesquels on peut reconnaître un roi: c'est le roi de France qui quitte le port d'Aigues-Mortes avec ses gens pour naviguer jusqu'à Chypre où il fera escale avant d'arriver aux rivages qu'il veut reprendre aux Sarrasins. Peut-être d'ailleurs est-ce cet esprit de croisade qui justifie la présence des deux anges qui dans la marge de droite prolongent la décoration de la page.

Enfin à deux reprises les fables animales et les récits légendaires qui parsèment si agréablement le récit ont inspiré le miniaturiste. Le f.51v illustre l'épisode célèbre où Saladin, couché et feignant la maladie, obtient du Maître des Hospitaliers de Saint-Jean-d'Acre le pied de Morel, son meilleur cheval. La miniature est insérée au coeur de la scène au moment où le geste du serviteur est décrit: 'Et fu aparoilliez un valet, une grant aiche en sa main et un tronchet en l'autre, et dit: 'Lequel pié est ce que li malaides demande?' - Et on li dist: 'Le destre pié devant.' - (miniature). Il prist le tronchet et le mist desouz le pié et entoise la hache a deus mains et volt ferir si grant cop con il pooit entaser' (éd. N. de W., §205 et MS K f. 51v). La hache, le socle, l'énorme cheval noir et l'effort du serviteur qui se prépare à trancher le sabot sont dessinés avec précision.

Le f. 99 est malheureusement bien abîmé. Un loup et une chèvre y sont représentés, dressés face à face, afin d'illustrer l'apologue qui quelques lignes plus haut raconte de façon imagée la querelle qui opposa Jean d'Avesnes et sa mère, la comtesse de Flandres. C'est là un des épisodes les plus connus et les plus savoureux des *Récits du Ménestrel de Reims*[24] (éd. N. de W. §404-419 et MS K ff. 99-102v), écrit à la façon d'un conte renardien; sous l'allégorie animale était offert au public un tableau sévère des dissensions qui, au milieu du XIIIe siècle, déchirèrent ces grandes familles du Nord.

Les miniatures du manuscrit K ne sont donc pas sans intérêt, ni sans charme, et elles sont là assurément pour séduire celui qui devait feuilleter le volume. Les autres manuscrits ne sont pas décorés sauf le manuscrit D (Bruxelles, B. R. 14561-14564). Au f. 167 en effet une lettre ornée ouvre cet exemplaire du *Ménestrel de Reims* sur la silhouette de la reine Aliénor d'Aquitaine qui est alors représentée en train de débarquer dans les terres d'outremer, là même où la légende lui prêta tant d'aventures amoureuses.

L'Histoire du manuscrit au XVIe siècle.

Le volume tel qu'il est parvenu jusqu'à nous présente un autre intérêt. Au tout début ont été ajoutés trois folios de parchemin, plus blancs et visiblement plus récents que ceux qui ensuite conservent le texte médiéval. Ces trois folios sont couverts d'un texte écrit au début du XVIe siècle par un poète illustre de l'époque tudor, John Skelton[25]. Aurions-nous ici une trace de la diffusion de l'oeuvre en Angleterre? Le poète aurait-il été le possesseur du manuscrit? Au folio 1 est apposée sa signature: 'Skelton Loyall'. Au f. 2 on peut reconnaître sa devise: 'Bien m'en sovient'. Au verso du folio 1 également quelques hexamètres latins préviennent le lecteur éventuel de l'intérêt du texte ancien:

'Quamvis annosa est, apice et sulcata vetusta,
Pagina trita, tamen fremit horrida prelia Martis
Digna legi'.

(Bien que cet ouvrage souvent lu soit chargé d'ans, creusé de sillons par un archaïque stylet, cependant il fait entendre les grondements des âpres combats menés par Mars, combats qui sont dignes d'être lus.)

Les folios suivants (2v, 3r et 3v) présentent un autre texte en latin[26], toujours de la même main, écrit dans une ample écriture gothique:

I, liber, et propera: regem tu pronus adora;
Me sibi commendes, humilem Skeltonida vatem.
Ante suam majestatem, per cetera passim,
Inclita bella refer, gesit que maximus heros

Anglorum, primus nostra de gente Ricardus,
Hector ut intrepidus, contra validissima castra
Gentis Agarrene; memora quos ille labores,
Quos tulit angores, qualesque recepit honores.
Sed Cronica Francorum, validis inimica Britannis,
(Patet infra a candido ad nigram)[27]
Sepe solent celebres Britonum compescere laudes
Policronitudo Basileos.

Ce sont là des vers de dédicace comme Skelton a eu l'occasion d'en composer alors qu'il était poète officiel de la cour d'Angleterre:

'Va, mon livre, et hâte-toi! Prosterne-toi devant le roi! Recommande-moi à lui, moi, Skelton, son humble poète. Propose à sa majesté, avant toute chose, le récit des guerres illustres que le grand héros anglais, Richard Premier, issu de notre race, mena à bien, tel l'intrépide Hector, contre les camps les plus résistants des Agaréens: rappelle-lui quels travaux il effectua, quels tourments il souffrit et quels honneurs il obtint. Cependant les Chroniques de France, ennemies des valeureux Anglais, (ce qui est blanc est visiblement noirci) à maintes reprises minimisent les éloges mérités par les anglais.

Longue vie au roi'[28].

Le volume est ainsi offert en hommage au souverain d'Angleterre, à qui l'exemple prestigieux de son illustre ancêtre Richard Coeur de Lion est offert. Le poète s'exprime dans un style noble, teinté de réminiscences virgiliennes, que soutient le rythme des hexamètres latins. Les guerres d'antan dont la gravité et la cruauté sont soulignées ici sont celles de la Troisième Croisade, qui fait l'objet du début de la chronique.

La datation de ces vers peut être établie grâce à John Skelton lui-même car il avait pour habitude d'inscrire au sein de la boucle qui ornait sa devise une numérotation originale[29]. Un chiffre minuscule marquait le nombre d'années depuis lequel il avait pris son service auprès des Tudor, c'est-à-dire depuis octobre ou novembre 1488. C'est ainsi que dans l'Ode écrite pour le couronnement du roi Henri VIII ('A laud and praise made for Our Sovereign'), ode offerte en 1509, se trouve le chiffre 21. Au folio 2 du manuscrit 432 de Corpus Christi College on peut distinguer le chiffre 24, ce qui permet de dater les vers latin écrits par Skelton de 1511 ou 1512, soit trois ans après le couronnement du jeune roi. Les critiques s'accordent aujourd'hui à penser que le volume aurait pu être offert à Henri VIII le 1er janvier 1512, jour où traditionnellement des cadeaux étaient présentés au roi. Peut-être John Skelton par ce geste espérait-il plaire au nouveau roi, rappeler ses services passés et retrouver une fonction officielle à la cour. En tout cas en mai 1512 celui qui se présente ici modestement comme 'humilem vatem' était à nouveau reconnu comme poète de la Cour par Henri VIII comme il l'avait été par son père, Henri VII et il pouvait alors recommencer à signer ses oeuvres du titre tant envié de 'orator regius'.

La dédicace adressée au roi est habile et flatteuse, créant une filiation prestigieuse entre Hector, le célèbre héros de l'Antiquité, Richard Coeur-de Lion, héros de la Troisième Croisade et enfin Henri VIII qui est ainsi promis à une carrière guerrière glorieuse. Le poète suggère également que les ennemis de Richard, les Sarrasins d'Outremer, peuvent être assimilés aux Agaréens, c'est-à-dire aux Ismaélites que Henri VIII a à combattre en ce début du siècle; ainsi John Skelton établit-il un vigoureux parallèle entre le chef de la chrétienté qui pendant la Troisième Croisade a combattu les Infidèles et le roi Henri VIII qui, du moins dans les premières années de son règne, défendait la papauté contre les Schismatiques[30].

Il nous manque encore les éléments qui permettraient de comprendre pourquoi et comment cet exemplaire d'une chronique française est parvenue dans les mains de Skelton deux siècles environ après sa rédaction. Le poète connaissait fort bien le français et les auteurs du siècle précédent, en particulier Alain Chartier, Eustache Deschamps et François Villon. Son oeuvre est émaillée d'expressions françaises et peut-être même a-t-il rencontré Marot, Sagon ou Gaguin. Son activité de traducteur est bien conue: c'est pour la mère du roi, la comtesse de Richmond, qu'il a traduit le *Pélerinage de Vie Humaine* de Guillaume de Digulleville sous le titre de *Of Mannes Lyfe the Peregrynacion*. Sa culture d'humaniste est immense et faisait l'admiration de ses contemporains. La Parker Library de Corpus Christi College possède d'ailleurs un autre manuscrit d'une oeuvre de John Skelton, le manuscrit 357, qui contient une traduction des écrits de Diodorus Siculus[31]. Le poète a travaillé également pour Caxton qui appréciait le style élégant et orné avec lequel il savait traduire l'*Enéide* de Virgile. En 1499 Erasme lui-même écrit au prince Henri, à propos de Skelton, qu'il le considère comme 'unum Britannicarum literarum lumen ac decus', c'est-à-dire 'la lumière et l'honneur des lettres anglaises'. Il fut tuteur du deuxième fils d'Henri VII, le futur Henri VIII, pour qui il écrivit un *Speculum Principis*[32] dont malheureusement nous n'avons conservé qu'une copie dans le manuscrit de Londres, B. M. Add. 28787. Ce *Speculum Principis* comportait une dédicace au roi rédigée dans le même style que celle du manuscrit K des *Récits d'un Ménestrel de Reims* et écrite de la main même de John Skelton. L'ouvrage fut sans doute écrit en 1501 pour les deux princes de la famille royale, Henri et Arthur, puis présenté en 1509 ou après au nouveau roi Henri VIII. H.L.R. Edwards émet à propos du manuscrit K une hypothèse similaire, tout à fait séduisante[33]: selon lui le livre offert au roi en 1512 pourrait être le souvenir de cette époque où Skelton était tuteur du roi; il voit même dans ce volume un 'memento of Henry's school days', peut-être le livre qui aurait servi à apprendre le français et l'histoire au jeune prince. L'offrir à son nouveau souverain âgé de 20 ans à peine n'était-il pas un moyen discret de rappeler leurs liens anciens? Des preuves définitives manquent malheureusement pour défendre cette hypothèse bien qu'elle soit, à notre avis, tout à fait intéressante.

D'ailleurs la présence de notes marginales dans les premiers folios du texte médiéval donne quelque poids à l'hypothèse formulée par H. Edwards et nous incite à la reprendre à notre compte. Signalées dans les catalogues qui décrivent le manuscrit, ces 'marginalia' n'ont pas été jusqu'ici suffisamment étudiées, ni mises en relation avec le manuscrit lui-même. Ecrites de la main de John Skelton tout comme les vers latins qui précèdent, elles sont pour nous le témoignage d'une lecture attentive et critique et attirent l'attention sur certains éléments de l'histoire d'Angleterre et surtout sur le rôle de Richard Coeur de Lion. A neuf reprises le texte est ainsi commenté. Il s'agit parfois d'une simple remarque soulignant un événement de premier plan: la naissance de Richard: 'Hic puer est natus' f.4 (A ce moment-là l'enfant est né), son accession au trône d'Angleterre: 'Nunc est ad sceptra vocatus', f.7v (Maintenant il est appelé à régner) ou la mort du roi: 'Modo morte ruit', f.34v (Maintenant il est emporté par la mort). Une remarque accompagne l'évocation d'une blessure grave causée par une flèche qui mit sa vie en danger: 'Consilium medici docti contempnere noli', f.34 (Ne méprise pas l'avis du sage médecin). Par trois fois le commentaire de John Skelton s'efforce de corriger un parti-pris français et une présentation partiale du chroniqueur. Par exemple il s'indigne que dans la préparation militaire de la troisième croisade le rôle de Richard soit laissé de côté et que tout l'honneur revienne à Philippe-Auguste: 'Rex modo castra struit', f.13v (Le roi Richard aussi a établi son camp). Plus loin Skelton s'en prend avec virulence à l'auteur de la chronique française qui fait porter la responsabilité du conflit franco-anglais au seul roi Richard, jaloux du succès de Philippe-Auguste, le véritable vainqueur d'Acre: 'Obstrue, Galle, tuum (loqueris modo vana) labellum!', f.16 (Tais-toi, Français, tu parles en vain et pour ne rien dire!). La partialité du chroniqueur est encore mise en cause lors d'un épisode de la guerre franco-anglaise autour du château de Loche: 'Hec Brittonum contra scriptores verba repugnant', f.33v (Ces propos s'opposent aux faits racontés par les auteurs anglais). Toutes ces remarques, critiques et précises, parfois faites avec passion, prouvent que John Skelton avait lu très attentivement la chronique. Lui semblait-elle vraiment trop marquée par l'esprit français? Ces annotations reflètent-elles seulement les réflexions d'un lecteur cultivé ou bien sont-elles autant de témoignages d'un enseignement donné à un jeune prince? Dans les deux cas nous trouvons ici des renseignements inestimables sur l'histoire de ce manuscrit qui, livre d'école ou simple présent, est à coup sûr parvenu au début du XVIe siècle dans les mains du jeune roi Henri VIII.

Une chronique de l'Angleterre

Les liens du manuscrit K avec l'Angleterre sont d'autant plus intéressants pour nous que toute la première partie des *Récits d'un Ménestrel de Reims* peut être considérée autant comme une chronique de ce pays et de ses rois que comme une histoire des croisades. Des portraits vigoureux, hauts en couleur, font revivre les grands du royaume et de page en page ces portraits sont complétés avec cohérence, sinon avec véracité. L'auteur mêle alors sans vergogne histoire et légende et affiche ses sympathies et ses antipathies. Le personnage d'Aliénor d'Aquitaine est ainsi tout particulièrement mis en avant. La réputation de la reine est dès les premiers folios celle d'une 'male famme' (éd. N. de W. § 6 et MS K f. 2), d'un 'diables' (éd. N. de W. § 11 et MS K, f.3v.). Son premier mariage avec le roi de France, Louis, est entaché de toutes les rumeurs qui ont couru sur son infidélité: par sa passion coupable pour Saladin, Aliénor permet au chroniqueur d'établir un lien extraordinaire entre l'Occident et le monde méditerranéean. Cet amour n'a pas de fondement historique, mais très tôt la légende a réuni ces deux personnages hors du commun. Les *Récits du Ménestrel de Reims* sont sans doute parmi les premiers textes qui diffusèrent cette version et contribuèrent à développer autour de la reine une réputation de coquetterie et d'hypocrisie. Certes les chroniqueurs contemporains de ces grands personnages ne s'étaient pas privés de faire déjà courir ces bruits. Le témoignage d'un moine, Richard de Devizes, qui a composé le *De rebus gestis Ricardi Primi*[34] à la fin du XIIe siècle laisse entendre que bien des histoires ont circulé à propos de la reine: en des termes à demi-voilés il dépeint la reine Aliénor comme 'une femme incomparable, belle et honnête, puissante et modeste, humble et subtile - chose très rare chez une femme - qui avait vécu assez d'années pour avoir deux rois pour maris et deux rois pour fils... Beaucoup savent ce qu'aucun d'entre nous ne devrait savoir: cette reine était à Jérusalem du temps de son premier mariage. Que personne n'en dise plus; moi aussi je le sais bien, mais chut...!'[35]. Giraud de Barri quant à lui, qui vécut à la cour d'Angleterre pendant une dizaine d'années et qui en tant que fonctionnaire royal a pu voir ce qui s'y passait, osa écrire: 'On sait comment Aliénor, d'abord reine de France se conduisit dans les lointaines régions de Palestine; comment ensuite, à son retour, elle se comporta à l'égard de son premier, puis de son second mari...'[36]

Tout ce que l'on chuchote, tout ce que l'on raconte alors sur Aliénor d'Aquitaine, le ménestrel de Reims va le dire sans ambages, avec verve, en s'attardant sur les épisodes les plus extraordinaires, voire les plus scabreux. C'est ainsi que les *Récits du Ménestrel de Reims* racontent comment Aliénor a cherché à se faire enlever par Saladin sur une 'galie' qui devait l'emmener depuis la ville de Sur jusqu'à Escaloigne. Le chroniqueur s'amuse à montrer le roi de France, tel un mari bafoué et ulcéré, tirant sa femme hors du bateau et la ramenant de force dans sa chambre. Les liaisons scandaleuses, les ragots, les commérages sont relevés par l'auteur de la chronique qui se plaît à montrer les grands de ce monde comme des hommes ordinaires, capables de faiblesses et de petitesses. Il leur prête des propos savoureux, inattendus dans la bouche d'un roi et d'une reine. Ainsi lorsque le roi Louis cherche à comprendre sa mauvaise fortune et demande à son épouse pourquoi elle a voulu s'enfuir avec Saladin, il s'entend dire:

'En non Dieu, (...), pour vostre mauvestié; car vous ne valez pas une pomme pourrie. Et j'ai tant de bien oï dire de Solehadin que je l'ain mieuz que vous; et sachiez bien de voir que de moi tenir ne jorrez vous ja!' (éd. N. de W. §10 et MS K, f.3v).

Le personnage d'Henri II est lui aussi malmené et sans doute d'une façon plus grave: en effet la chronique rappelle sans complaisance que celui qui épousa Aliénor d'Aquitaine fut aussi celui qui 'fist saint Thomas de Cantorbie ocirre' (éd. N. de W. §12 et MS K, f.4). Le texte ajoute alors que le roi d'Angleterre eut trois fils de sa nouvelle épouse: 'Il en ot trois fiuz, dont li ainsneiz ot non Henriz au Court Mantel - qui fut preudons et bons chevaliers, mais pou vesqui - (le MS K ne contient pas cette dernière phrase) et li autres ot non Richarz, qui fut preuz et hardiz et larges et chevalereus; et li tiers ot non Jehans, qui fu mauvais et desloiaus et mescreanz en Dieu' (éd N. de W. §12 et MS K, f.4). Tous les manuscrits - y compris le MS K - s'attardent ensuite sur le récit du mariage manqué d'Henri au Court Mantel ainsi que sur la faute terrible commise par son père et expliquent pourquoi le jeune prince vécut peu de temps. Ils saisissent ici l'occasion de noircir le portrait du roi Henri II. La chronique raconte en effet comment Henri au Court Mantel, ayant entendu vanter la beauté da la soeur du roi de France, obtint sa main. Lorsqu'elle arriva à la cour d'Angleterre, son fiancé était au loin, retenu en Ecosse. C'est alors que le roi Henri II profita de l'absence de son fils pour abuser de la jeune princesse. Henri au Court Mantel fut si bouleversé de l'aventure qu'il en mourut de chagrin peu de temps après tandis que sa fiancée était renvoyée en France. Celle-ci n'osant se présenter à son frère, le roi Philippe, s'attarda sur les côtes de France; là le jeune comte de Ponthieu en devint amoureux et l'épousa.

La vérité historique n'est pas respectée dans ce récit. Contrairement à ce qui est raconté ici, Henri au Court Mantel épousa sans difficulté une soeur de Philippe-Auguste, Marguerite de France, et c'est de maladie qu'il mourut en 1183. Cependant il y eut peut-être dans la mémoire du chroniqueur qui relata ces événement un siècle plus tard une confusion avec une autre histoire de mariage princier. Richard Coeur de Lion fut en effet fiancé avec Aélis de France, fille cadette du roi Louis VII; mais après l'avoir fait venir et l'avoir retenue en vain fort longtemps en Angleterre (de 1161 à 1195!), il épousa une autre femme, Bérengère de Navarre. Aélis fut rendue à son frère avec sa dot, c'est-à-dire quelques places fortes de Normandie et devint ensuite comtesse de Ponthieu. Le chroniqueur qui se plaît à évoquer les amours aussi bien que les drames vécus par les grands de ce monde a vraisemblablement prêté foi aux rumeurs qui circulaient confusément en France à propos de la cour d'Angleterre. La suite est encore plus sombre; la chronique ajoute que le roi de France, Philippe, voulant venger la honte que Henri II avait fait subir à sa soeur, se rendit seul, non loin de Beauvais, dans une abbaye de moines où le roi d'Angleterre se faisait saigner, et là il tenta de le tuer. Son geste meurtrier fut empêché par l'intervention d'un chevalier, mais le roi Henri en fut bouleversé et de désespoir s'étrangla lui-même - toujours selon le chroniqueur - avec les rênes d'un cheval. On fit croire au peuple que sa mort avait été subite et le roi fut enseveli à Rouen. Là encore le récit prend une grande liberté avec les faits historiques: Henri II n'eut pas cette fin inraisemblable; il mourut en 1189 de maladie et fut inhumé à Fontevrault.

Le commentaire de John Skelton, alors qu'il lit ce récit deux siècles plus tard, ne manque pas d'intérêt; loin de démentir cette version, il y voit une punition du ciel et la manifestation de la justice divine soucieuse de venger le meurtre de Thomas Beckett. Les deux hexamètres écrits dans la marge du MS K (f.8v) sont sans ambiguité sur ce point:
> 'Ultor celestis da, -cur ruit scelestus?-
> Quod petis instanter: Thome loca sacra loquantur!'

ce qui signifie:
> 'Vengeur céleste, pourquoi le scélérat s'enfuit-il? Accorde ce que tu réclames instamment: les saintes reliques de Thomas se font entendre!'

Le meurtre de Thomas Beckett est assurément un des faits qui marqua la conscience de l'occident médiéval chrétien, un des moments les plus sombres de l'histoire de l'Angleterre. Les chroniques du XIVe et XVe siècle reprennent volontiers les versions qui soulignent la culpabilité d'Henri II, même lorsque leurs auteurs sont des clercs anglais.

Le portrait de Richard Coeur de Lion est quant à lui longuement développé dans les *Récits d'un Ménestrel de Reims* et d'une façon relativement positive. Tous les manuscrits s'accordent pour reconnaître la valeur du successeur d'Henri II sur le trône d'Angleterre:
> 'Atant vous lairai a parleir dou roi Hanri, si dirai dou roi Richart son fil qui vint a terre. Et fut preuz, et hardiz, et courtois, et larges, et avenanz chevaliers; et venoit tournoier ou marchois de France et de Poiteu; et se demena une grand piece ainsi que touz li mondes disoit bien de lui' (éd. Natalis de Wailly, § 27 et MS K f. 8v). Des deux côtés de la mer - si l'on en croit la chronique - la réputation de Richard Coeur de Lion était immense. Cependant les

lecteurs anglais - et Skelton fut de ceux-là - pouvaient être heurtés par une présentation parfois partiale des faits. La générosité du jeune roi, sa 'largesse', est presque assimilée à une prodigalité excessive; on lit que le roi 'estoit de grand cuer' (éd. Natalis de Wailly, § 131) mais aussi qu'il 'avoit les paumes percies de largesse' (éd. Natalis de Wailly, § 129). Sans que le texte soit défavorable à Richard, quelques pointes, quelques critiques sont perceptibles dans la relation de la troisième croisade et suggèrent la rivalité qui exista entre le roi de France et le roi d'Angleterre. Ainsi l'installation des campements devant Acre au moment d'assiéger la ville est un prétexte pour dire combien Richard est plus riche, mais peut-être plus orgueilleux que Philippe-Auguste:

'Et firent tendre leur treis et leur pavillons; mais li rois Richard vout avoir le plus biau lieu; et si ot il, car il estoit li plus riches homs et qui plus despendoit; et avoit plus a despendre estellins que li rois de France parisi' (éd. N. de W. §53 et MS K, 15v).

Il est vrai que, sur ce point, tous les chroniqueurs, qu'ils soient anglais ou français, s'accordent pour souligner la fortune du roi d'Angleterre et la pauvreté du roi de France à cette époque!

Les *Récits d'un Ménestrel de Reims* sont également en accord avec d'autres chroniques[37] relatant le déroulement de la troisième croisade. L'itinéraire choisi par Richard Premier pour se rendre à Acre pouvait en effet surprendre: en compagnie de sa mère et de sa fiancée, Bérangère de Navarre, ainsi que de quelques dames il s'attarda à Messine, en Sicile, afin de régler certaines affaires de famille. Ensuite il prit le temps de conquérir l'île de Chypre et de se marier le 12 mai 1191 à Limassol. Il n'arriva à Acre que le 12 juin alors que Philippe-Auguste y était déjà depuis plus de deux mois. A partir de là il n'y avait qu'un pas à franchir pour nier la participation du roi d'Angleterre aux préparatifs militaires du siège, c'est ce firent aisément les chroniqueurs et tout particulièrement l'auteur des *Récits d'un Ménestrel de Reims*. A la fin de l'hiver, alors que rien ne se passe sous les murs de la ville d'Acre, il se plaît à raconter que Richard ne songe qu'à se divertir tandis que Philippe-Auguste renforce l'appareil militaire:

'Et li rois Richarz aloit jouer par les isles de meir et veoir les dames. Et li rois Philippes le faisoit autrement car il faisoit engins charpenteir a grant plantei par deça meir.' (éd. N. de W. § 54 et MS K, f. 16).

Par ailleurs le texte prête à Saladin des propos soulignant la force militaire du roi de France, comme si le seul et véritable vainqueur de ce siège était Philippe-Auguste et comme si la présence des autres chefs de la croisade ne comptait pas:

'Et ot une espie latimiere deleiz lui qui li enseignoit les treis et les pavillons, et les nons des hauz barons; et li dist: Sire, veez la le treif le roi Richart; et veez la le treif le conte Phelipe de Flandres, et le treif le conte Henri de Champaingne et touz les treis aus autres barons. Adonc regarda li Sarrezins et vit touz les engins au roi Phelipe, et dist: 'Qui est cil a cui cil engin sont?' Adonc respondi li latimiers et dist: 'Ce sont li engin au roi Phelipe de France. 'Lors dist li Sarrezins: 'Par Mahom! Par cestui perderons nous Acre!' (éd. N. de W. § 55 et MS K, f.16r-v).

L'auteur imagine alors comment la jalousie, puis la haine s'emparèrent du coeur de Richard qui refusait d'admettre que le siège d'Acre avait été remporté par le roi de France et que la gloire de la victoire lui échappait:

'Li rois Richarz ot moult le cuer enflei dou roi Phelipe qui avoit l'oneur d'Acre; si le commença mout a haïr, et meismement pour l'ochoison de son pere' (éd. N. de W. § 60 et MS K, f.18).

Le récit impute alors au roi d'Angleterre deux tentatives pour se débarasser de son rival: un empoisonnement, puis un complot. Les deux tentatives échouent et le roi Richard se prépare à retourner en Angleterre avec au fond de lui le ferme projet de faire la guerre à Philippe-Auguste.

Ainsi la chronique est indéniablement 'française' et justifie que Skelton dans les premiers folios du manuscrit accuse son auteur de faire entendre le point de vue de la France et de noircir à plaisir le rôle des Anglais. Le retour de Richard Coeur de Lion vers son royaume fut difficile: parti de Jaffa, il décida de regagner l'Angleterre en passant par l'Allemagne. Arrêté en 1192 par le duc d'Autriche, il fut livré à l'empereur d'Allemagne qui le garda prisonnier plusieurs mois et ne le libéra que contre une forte rançon. A partir de ces événements historiques le chroniqueur imagine une version romanesque du retour du roi Richard et de son emprisonnement en ajoutant qu'il fut sauvé par un ménestrel, Blondel de Nesles. L'épisode (éd N. de W. § 66-85 et MS K, ff. 20-24v) est joliment écrit, tout à la gloire d'un poète qui, par fidélité et par amour pour son maître, part à sa recherche et réussit à le faire libérer. Blondel de Nesles gagne la confiance du duc d'Autriche, qui détient le prisonnier dans une tour de son château, et entre à son service comme ménestrel. Un jour, à travers une meurtrière, Richard aperçoit Blondel dans le jardin et lui signale sa présence en chantant le début d'une chanson qu'ils avaient composée tous les deux autrefois. De retour en Angleterre, le ménestrel avertit les barons qu'il avait retrouvé le roi et celui-ci put être libéré en échange d'une rançon. Nous savons peu de choses sur ce poète sinon que son oeuvre doit se situer entre 1175 et 1200-1210, mais sans doute Blondel de Nesles était-il connu dans le Nord de la France pour être investi d'un rôle aussi précis et aussi important auprès du grand personnage qu'était le roi d'Angleterre. Surtout, cet épisode rappelle que Richard Premier, comme bien des grands seigneurs du Moyen Age, aimait la poésie et composa lui-même des chansons[38]. L'une d'elles, une 'rotrouenge', fut sans doute écrite pendant sa captivité en Autriche. Il y chante avec talent sa solitude, sa tristesse, son sentiment d'abandon alors que ses vassaux et ses parents tardent à venir à son aide:

> Ja nus hons pris ne dira sa raison
> Adroitement, s'ensi com dolans non,
> Mais par confort puet il faire chançon.
> Mout ai d'amis, mais povre sont li don.
> Honte en avront, se por ma rëançon
>   Sui ces deus yvers pris!'
>   (P. Bec, *La lyrique française au Moyen Age*, II, p. 124)

Le talent du chroniqueur réside sans conteste dans la façon dont il mêle les sources les plus diverses: faits historiques plus ou moins déformés par le temps, légendes qui se développent autour des princes, parfois même de leur vivant ou peu de temps après leur mort, récits oraux dont nous soupçonnons mal l'importance. Le monde des grands, des deux côtés de la mer du Nord, faisait rêver un public prêt à croire les récits les plus invraisemblables, prêt à faire confiance au conteur qui lui explique que les rois et les princes ne sont que des hommes comme les autres, mais que le cours de l'histoire peut dépendre de leurs haines ou de leurs passions. Que le récit de ce qui s'était passé à Acre ou à Jérusalem revienne magnifié et transformé en Occident ne peut nous étonner; la peur des Sarrasins, la fascination exercée par le grand combattant qu'était Saladin, le rêve toujours vivant de reprendre enfin les lieux saints et de protéger le royaume chrétien de Jérusalem nourrissaient tout de que l'on savait ou imaginait à propos des rivages d'outremer. Le MS K, comme tous les autres manuscrits, présente alternativement des épisodes se passant souvent à Acre ou à Jérusalem, mais aussi souvent en Angleterre ou en France. Au lecteur anglais qui le feuilletait il pouvait ainsi apparaître, du moins dans sa première partie, comme un livre d'histoire concernant les événements de la fin du XIIe siècle et du début du XIIIe, à une époque où l'histoire politique de l'Angleterre et de ses rois était particulièrement mouvementée. Si vraiment - comme l'histoire du manuscrit nous le donne à penser - il est parvenu dans les mains d'Henri VIII au début du XVIe siècle, un lien supplémentaire et émouvant est ainsi tracé entre le jeune roi Richard, héros de la troisième croisade, et le souverain qui en 1509 accéda au trône dans des circonstances difficiles.

La Famille du Manuscrit K.

Lire les *Récits d'un Ménestrel de Reims* avec les yeux d'un lecteur anglais, déceler dans les premiers chapitres un intérêt certain pour l'histoire et la politique de l'Angleterre permet de considérer cette oeuvre sous un jour nouveau. Il ne faut pas pour autant oublier que l'auteur a ouvert sa chronique à bien d'autres sujets et à bien d'autres pays. Entraînant son public depuis les places fortes de Normandie et de Guyenne jusqu'aux cours de Flandre ou de Champagne, retraçant tantôt le destin du royaume de France, tantôt celui du royaume de Jérusalem, il parcourt près d'un siècle et demi d'histoire et suit les bouleversements du monde des deux côtés de la Méditerranée.

Le MS K, long de 116 folios, contient ce que l'on peut considérer comme une version complète du texte. C'est sous cette forme que les principaux manuscrits connus[39] nous le transmettent. Assurément certains faits historiques sont passés sous silence, mais il ne s'agit pas de lacunes. L'auteur a choisi de raconter ce qui lui paraissait digne d'intérêt, sans doute ce qu'il connaissait le mieux. Ainsi, bien que les premières lignes rappellent la victoire remportée en 1204 à Constantinople par le duc de Venise 'qui estoit avugles' (éd. N. de W., § 1), par la suite la quatrième croisade n'est pas évoquée. En revanche sur les expéditions de Philippe-Auguste, puis sur celles de saint Louis, l'auteur est plus bavard. Par ailleurs le texte se termine de façon abrupte dans la plupart des manuscrits, et notamment dans le MS K, par l'évocation du jugement rendu en1259 par le roi de France dans l'affaire de l'abbeye de Saint Remi à Reims. L'archevêque Thomas de Baumetz se rendit alors à Rome pour contester la sentence qui lui était défavorable. Natalis de Wailly s'appuie sur ces renseignements pour conclure que l'oeuvre est restée inachevée à cause de la disparition de l'auteur:

'Il est (...) certain que les débats se sont prolongés après la mort de Thomas de Baumetz, arrivée en février 1263; mais de ce que ce prélat est mentionné comme un personnage vivant (§ 407), on doit conclure que le Ménestrel de Reims ne lui a pas survécu, en sorte qu'il n'a pu connaître les derniers incidents de cette longue procédure. On peut croire aussi qu'il avait l'intention de continuer ses récits, qui s'interrompent ici brusquement, et qui manquent de leur conclusion naturelle'[40].

Pour dater les six manuscrits qu'il utilisa pour son édition, Natalis de Wailly a tenu compte de la façon dont chacun d'eux présente les personnages contemporains, comme des hommes encore vivants ou disparus à la fin du XIIIe siècle. Lorsque, par exemple, on lit dans le MS A (§ 355) à propos de la reine Marguerite: '(elle) *est* une bonne dame et sage et *a* dou roi huit enfanz', et dans les autres manuscrits (B, C, D, E, F): '(elle) *fut* une bonne et sage dame et *ot* dou roi huit enfantz', Natalis de Waillly conclut que le MS A peut être daté de 1260 (date où la reine était enceinte de sa dernière fille et n'avait encore que huit enfants[41]) et les autres de 1295 au plus tôt (date où la reine mourut). Cette méthode de datation paraît probante et peut être appliquée à d'autres personnages[42]. Qu'en est-il pour le MS K?

- au § 456 dans A à propos de Saint Louis (mort le 25 août 1270) on lit: 'qui ore regne', mais dans K 'qui ore regne' est omis (C et D omettent aussi 'qui ore regne', B a 'qui apres regna', E et F on 'qui (...) regnoit').

- au § 456 dans A à propos de Henri III d'Angleterre (mort en 1272) on lit: 'qui ore est' et dans K 'qui ores est' (B a 'qui ore fu', F 'qui regna', C et D omettent 'qui ore est').

- au § 354 dans A à propos de Richard, roi d'Allemagne (mort en 1271) on lit: 'qui ores est' et dans K 'qui puis fu' (B, E, F ont 'qui puis fu', C a 'qui fu', D omet 'qui ore est').

- au § 353 dans A à propos de Jean de Bretagne (mort en 1286) on lit:' qui ore est cuens de Bretaigne' et dans K 'qui puis fu' (C a 'qui adont estoit', E, F ont 'ki puis fu').

Etant donné qu'au § 355 le MS K présente la même version que A à propos de Marguerite, reine de France: 'C'est une bonne dame et a dou roi huit enfanz', on pourrait conclure que K a été rédigé avant la mort de la reine, c'est-à-dire avant 1295. Le copiste semble par ailleurs connaître la mort de saint Louis survenue en 1270 et celle de Richard d'Allemagne en 1271, ignorer le décès d'Henri III en 1272, mais être informé de celui de Jean de Bretagne en 1286. Il est donc tentant de conclure que le MS K aurait été copié entre 1286 et 1295. Cela est plausible; il convient cependant d'avancer dans ce domaine avec prudence. La méthode appliquée ici pour dater les manuscrits est quelque peu systématique et peu adaptée à des oeuvres comme celles du Moyen Age où l'histoire et la légende se confondent si souvent, où les copistes peuvent soit ignorer certains événements et se tromper, soit les déformer pour les besoins de la narration. Quoi qu'il en soit, si le MS K était un des plus anciens manuscrits, c'est-à-dire de la fin du XIIIe siècle ou du tout début du XIVe siècle, cela confirmerait les hpothèses que nous formulions plus haut en nous fondant sur la codicologie et l'iconographie.

Les six manuscrits que connaissait Natalis de Wailly ont été répartis pas ses soins en deux familles selon des critères très simples: d'un 'exemplum' défavorable à certains grands personnages de Flandre; les MSS A, B et C s'opposent en effet sur ces deux points aux manuscrits D, E et F. Ces critères ont été ensuite repris chaque fois qu'un nouveau manuscrit était découvert; c'est ainsi que Donald Tappan conclut à juste titre que le MS K appartient au premier group[43].

Nous proposons ici pour plus de clarté un tableau récapitulatif, sans le considérer cependant comme définitif car seule une comparaison des manuscrits dans leur ensemble[44] pourrait confirmer ces hypothèses:

manuscrits	date	chapitres	exemplum	famille
A	entre 1260 et 1295	non	oui	1
B	XIVe s.	non	oui	1
C	XIVe s.	non	oui	1
D	XIVe s.	142	non	2
E	XIVe s.	32	non	2
F	(?)	54	non	2
G	début XIVe s.	75	non	2
H	1323 (?)	non	oui	1
I	1467	non	(ms incomplet)	1
J	début XVI s.	59	non	2
K	entre 1286 et 1295 (?)	non	oui	1

L'absence de divisions en chapitres n'est pas seulement fonction de l'ancienneté des copies; cependant le texte contenu dans le MS K (comme dans A et B) s'appuie sur la technique narrative des récits en prose, technique de plus en plus répandue depuis le début du XIIIe siècle, qu'il s'agisse d'oeuvres historiques ou romanesques. De la même façon les *Récits d'un Ménestrel de Reims* sont rythmés par l'emploi systématique de formules telles que 'Ci nous lairons un pou esteir dou roi Henri...' ou 'Si dirons que...' auxquelles répondent en écho d'autres formules comme 'Si revenrons au roi Phelippe...' ou 'Si parlerons de Saladin...'. C'est ainsi qu'est souligné le mouvement constant de va-et-vient qui sous-tend le récit entre deux personnages, entre deux royaumes, entre deux campagnes militaires. Les transitions sont le plus souvent réduites à des repères temporels tels que 'Et tant...', 'Or avint..', 'Et quant...', 'Desore en avant...', etc. L'entrelacement des épisodes donne tout à la fois l'impression que le récit suit le déroulement du temps et que la simultanéité des faits est mise en avant.

Le caractère oral du texte, que Natalis de Wailly a été un des premiers critiques à souligner[45], est indiscutable; non seulement les occurences des verbes 'dire', 'conter', 'parler', oïr' sont nombreuses, mais aussi les formules propres à attirer l'attention d'un public: 'Atant es vous...', 'Or sachiez de voir...', 'orrez...', etc. Le ménestrel est passé maître dans l'art d'attiser la curiosité, de faire attendre la suite de l'histoire:

  - § 144 'Or se tait li contes dou roi Jehan et bien i revenrons quant tans et lieus en sera; si vous dirons de...'
  - § 183 'Et savez vous pour quoi...'
  - § 419 '...si comme vous orrez ca en avant se j'ai lieu et tans dou dire...'

Dialogues et jeux de scènes sont privilégiés par un auteur qui sait donner vie à sa narration, quitte à malmener parfois, nous l'avons vu, la vérité historique; il n'hésite pas à choisir parmi toutes les histoires qui circulent celles qui lui semblent les plus extraordinaires et à émailler son récit de locutions populaires, de proverbes ou de sentences. Le MS K conserve toutes ces caractéristiques: le copiste ne sacrifie jamais le trait piquant ou l'expression imagée qui donne aux *Récits d'un Ménestrel de Reims* leur saveur particulière. Il est là encore en accord avec les plus anciens manuscrits de la première famille, c'est-à-dire A et B[46]. Le cadre de cette étude ne permettant pas de développer ce point, nous donnerons seulement quelques exemples[47]:

- L'injure lancée par la reine Aliénor à son premier mari: 'Vous ne valez pas une pomme pourrie' (§ 10) se retrouve dans A, B, C et K, mais dans D et E on lit 'prune porrie'.

- A propos du roi d'Espagne qui a assiégé deux villes de Guyenne appartenant à Richard d'Angleterre, on lit dans A, B, C et K: 'avoit li rois d'Espaigne esveillié le chat qui dormoit' (§ 119) et dans D et E il s'agit d'un 'chien qui dort'.

- Quand Jean de Bretagne se débarrasse de son neveu en le faisant jeter à la mer, le texte de A, B et K dit: 'si le rua aus maqueriaus' (§ 245), mais dans C on a 'en l'eau', dans D 'en mer', dans E 'dedens' et dans F 'en la mer'.

Le ton est alerte, vivant, souvent proche du conte ou même du fabliau. D'ailleurs la présence des deux fables animales qui sont insérées dans les *Récits d'un Ménestrel de Reims* contribuent à l'originalité de ce texte. Le désir de divertir n'empêche pas l'auteur, bien au contraire, d'introduire des jugements sur les grands de ce monde et de réfléchir sur leur destin. La première fable se trouve dans les manuscrits des deux familles, donc également dans le manuscrit K, au moment où l'auteur raconte que Louis IX a perdu son fils et en éprouve un profond chagrin. Il imagine que l'archevêque Rigaut de Rouen cherche à réconforter le roi en lui racontant un 'essemple', celui d'une 'masange qui fu prise en une masengiere ou jardin a un paisan' (éd. N. de W., § 461-5). L'épisode a vraisemblablement été tiré du roman de *Barlaam et Josaphat* ou de l'oeuvre de Pierre Alphonse, intitulée *Disciplina Clericalis*.

L'autre fable présentée comme un 'essemple' (dans A, C et K) ou comme un 'conte' (dans B) est écrite dans le style du *Roman de Renart*. Nous en avons parlé plus haut à propos des illustrations du MS K. La présence de cet apologue est le second critère retenu par Natalis de Wailly pour reconnaître les manuscrits de la première famille: A, B, C auxquels on peut ajouter H et K. Le ton est alerte, mais l'allégorie est sévère pour les personnages dissimulés derrière les animaux: 'Il fu une foiz uns leus qui avoit deus jourz de terre ahennable; et vint a une chievre qui avoit deus chevresons...' (éd. N. de W., § 401). Le loup est Jean d'Avesnes, la chèvre est sa mère Marguerite de Flandre, les deux chevreaux sont les enfants d'un second lit et les chiens Roenel et Taburel désignent les comtes d'Anjou et de Poitiers. L'auteur prend ici parti pour Marguerite de Flandre contre son fils, Jean d'Avesnes, dans une querelle qui a agité le Nord de la France et la Flandre au XIIIe siècle. Cette affaire d'héritage avait sans doute suscité bien des commentaires dans ces régions d'autant que la famille d'Avesnes était célèbre; non seulement elle avait fourni à la cause de la chrétienté des héros comme Jacques d'Avesnes, compagnon de Villehardouin pendant la quatrième croisade, mais une curieuse histoire de mariage au sein de cette famille avait fait scandale récemment.

Bouchard d'Avesnes, seigneur du Hainaut, avait été choisi par le tout puissant comte de Flandre comme précepteur de sa fille Marguerite âgée alors de douze ans. L'amour s'installa entre les deux jeunes gens qui se marièrent. Cependant Bouchard, ayant dissimulé qu'il était auparavant entré dans les ordres pour préserver quelques biens ecclésiastiques, fut accusé d'être un 'clerc bigame'. Le pape lança contre lui une bulle d'excommunication, condamna le mariage et Marguerite de Flandre épousa en secondes noces Guillaume de Dampierre à qui elle apportait en dot la Flandre et le Hainaut. Deux enfants étaient nés du premier mariage, deux autres naquirent du second. C'est le problème de succession causé par cette double union qui est évoqué dans les *Récits d'un Ménestrel de Reims*. Une sentence rendue par le roi de France en 1245 accorda la Flandre à Guillaume, l'aîné des Dampierre, et le Hainaut à Jean, l'aîné du premier mariage avec Bouchard d'Avesnes. Personnage puissant au XIIIe siècle, Jean d'Avesnes ne faisait cependant pas l'unanimité[48]. Certains chroniqueurs vantent ses qualités (par exemple dans les *Récits d'un Bourgeois de Valenciennes*), d'autres le présentent comme un usurpateur. C'est le cas des *Récits d'un Ménestrel de Reims*, du moins des manuscrits de la première famille qui contiennent cet apologue qui est si hostile à Jean d'Avesnes. Les manuscrits de la deuxième famille, vraisemblablement parce qu'ils étaient destinés à des auditeurs flamands, ne présentent pas cet épisode et ne sont pas si défavorables aux seigneurs de cette région.

Par ailleurs, un peu plus loin dans le texte, les manuscrits de la première famille inventent au personnage de Jean d'Avesnes un comportement odieux envers sa mère et une fin misérable présentée ici comme une punition divine:
'Or vous dirons un pou de Jehan d'Avesnes, qui estoit si doulanz qu'a pou qu'il n'enrajoit touz vis, pour ce qu'il avoit failli a son propos: et dou roi d'Alemaingne qui morz estoit, qui estoit ses serourges, ainsi comme vous l'avez oï; et de l'amour de sa mere ou il avoit failli; et de la contei de Hainnaut dont il estoit fors mis a touz jourz, ce li sembloit, et il et si oir, dont il li estoit plus que de

62

toutes autres choses. Et estoit sans terre, povres et au desouz, et sans esperance de recouvreir jamais. Si avint que maladie le prist, et cheï en langueur, et langui grant piece; et a la pardefin mourut a Bins en Hainnaut en grant pauvretei. Et ce fu a bon droit que, qui ne porte pere et mere honeur, il pert la soie; car Dieus le dit en l'evangile, et dit: 'Honeur ton pere et ta mere, et tu en seras honoureiz, etr en pues aquerre le regne des cieus' (éd. N. de W., § 433).

Les manuscrits de la deuxième famille soulignent au contraire le prestige de Jean d'Avesnes et disent combien ses funérailles furent célébrées avec les honneurs dûs à un si grand personnage:

'Moru a Valenchiennes et fu enfouys en l'eglise Saint Pol se comme il afferi a si haut homme et a si gentil homme qu'il estoit' (éd. N. de W., § 433).

Le MS K fait partie des versions hostiles à Jean d'Avesnes. Tout au long de l'apologue le copiste suit avec fidélité le récit, se contentant d'apporter quelques variantes stylistiques par rapport aux autres manuscrits de la première famille. Il ajoute fort peu de choses, si l'on se réfère au texte édité par Natalis de Wailly: 'bone' à côté de 'vigne' (§ 405), 'et a sa douce mere' à côté de 'Dieu' (§ 411), 'dist le loup' à côté de 'Va a diables' (§ 408), 'chevre' à côté de 'dame' (§ 407), etc. Lorsqu'il y a des variantes, c'est souvent parce qu'un synonyme a été préféré à un autre terme. Le texte n'en est en aucun cas altéré: par exemple on lit dans K 'laissasse' pour 'donnasse' (A, § 405), 'petite' pour 'povre' (A, § 406), 'apporta bien' pour 'mouteplia' (A, § 407), 'moissoner' pour 'cuiedre' (= récolter) (A, § 407), 'vaignons' ou 'chiens' pour 'viatres' (A, § 410 et 413), 'malmener' pour 'meneir' (A, § 410), 'moes' pour 'mauvaises taches' (A, § 413), 'par foi' pour 'par la mere Dieu' (A, § 414), 'pance' pour 'mormelante' (A, § 415), etc. Le plus souvent le texte de K est allégé par rapport aux autres manuscrits et fait disparaître certaines expressions qui ne sont pas indispensables au récit: au § 408 'Oïl, voir', ('dist la chievre, biaus sire, se vous voulez' omis dans K); au § 410 '...nourri de son lait' ('a sa mamelle' omis dans K), au § 405 '...porterent a tere' ('le ventre deseure' omis dans K), etc. Les omissions les plus intéressantes prouvent que le copiste de K recherche un récit rapide et subit moins l'influence du *Roman de Renart* que les auteurs des autres manuscrits:

- au § 410 K ne précise pas que les 'viatres' appartiennent à 'une abaïe de Citiaus'.

- au § 412 l'expression 'les deux freres Taburel et Roenel' est remplacée par 'les deux chiens'.

- au §412 alors que les chiens se cachent, le MS K ne précise pas qu'ils vont dans un 'buriau d'esteule'.

- au § 414 'Et se part Renaz d'Isegrin' devient dans K 'Et se part du loup'.

- au § 415 lorsque les chiens maltraitent le loup, 'il li font plus de cent plaies sous le cors de lui' ('et faisoient les flocons de son poil voleir vers le ciel; et l'atournerent enqui en teil maniere que on n'i sentoit ne pous ne aleinne' omis par K), 'et le cuidoient avoir mort' ('Et prisent le froument, et le porterent ou grenier a la chievre et endementieres que il portoient le blei' manque dans K).

Le MS K, tout en appartenant à la première famille, conserve donc son originalité et une certaine indépendance. L'étude des variantes de l'ensemble du texte confirmerait l'intérêt du manuscrit et sa qualité. Il ne nous était pas possible dans le cadre de cette étude de poursuivre cet examen critique[49] du MS K, ni d'insister sur les caractéristiques linguistiques d'une version très marquée par les usages du Nord-Est de la France. Il conviendrait assurément de ne pas laisser de côté ce manuscrit très intéressant pour une future édition des *Récits d'un ménestrel de Reims*.

Le MS K tel qu'il se présente dans ce joli volume conservé à la Parker Library de Corpus Christi College à Cambridge confirme, si besoin en est, l'intérêt de ce texte mi-historique, mi-romanesque, où la fiction prend sans cesse le pas sur l'histoire, où l'anecdote l'emporte sur l'évenement. Le talent de son auteur réside avant tout dans la façon dont il mêle les sources les plus diverses: faits réels plus ou moins déformés par le temps, légendes qui se développent autour des princes, parfois même de leur vivant ou peu de temps après leur mort, récits oraux dont nous soupçonnons mal l'importance. Le récit de ce qui s'était passé à Acre ou à Jérusalem revenait magnifié en Occident; la peur des Sarrasins, la fascination exercée par le grand combattant qu'était Saladin, le rêve toujours vivant de reprendre les Lieux Saints et de protéger le royaume chrétien de Jérusalem nourrissaient tout ce que l'on savait ou imaginait à propos des territoires d'outremer. Au coeur même des royaumes d'Occident, en France comme en Angleterre, le monde des grands faisait rêver un public prêt à croire les récits les plus invraisemblables, prêt à faire confiance au conteur qui, comme celui que l'on appelle le Ménestrel de Reims[50], lui explique que les rois et les princes ne sont que des hommes comme les autres, mais que le cours de l'histoire peut dépendre de leurs haines ou de leurs passions.

Danielle Quéruel,
Université de Reims.

NOTES

1.   Cf. le catalogue des Manuscrits de Montague Rhodes James, *A Descriptive Catalogue of the Manuscripts in the Library of Corpus Christi College, Cambridge*, Cambridge University Press, 1909, I, pp 338-9. Incipit du manuscrit: 'Des puis cele heure que Godefroiz de Buillon et la royne de France orent conquise Antioche et Jherusalem et il orent remise la crestientey dedanz qui par lonc tens en avoit estey hors mise n'orent crestien victoire contre Sarrazins en la terre de Surie... (f.1r)'. Explicit du manuscrit: '...et s'en ala a Rome et demoura grant piece (f.116v)'.

2.   Louis Paris, *La Chronique de Rains publiées sur le manuscrit unique de la Bibliothèque du Roi*, Paris, 1837.

3.   Maurice de Smet, *Chronique de Flandre et des Croisades*, dans *Recueil des Chroniques de Flandre*, III, Bruxelles, 1856.

4.   Natalys de Wailly, *Récits d'un ménestrel de Reims au XIIIe siècle*, Société de l'Histoire de France, Paris, Renouard, 1876 et 'Notice sur six manuscrits contenant l'ouvrage anonyme publié en 1837 par Paulin Paris sous le titre de *Chronique de Rains* ', dans *Romania* VIII (1879), pp. 429-33.

6.   William Shephard, 'A new manuscript of the *Récits d'un Ménestrel de Reims*', dans *Publications of the Modern Language Association of America (PLMA)*, XLIII, 1928, pp. 895-930.

7.   Donald Tappan, 'The manuscripts of the *Récits d'un ménestrel de Reims*', dans *Symposium* 25 (1971), pp. 70-78. Nous n'avons pu consulter l'étude de Donald Tappan, *A new manuscript of the Récits d'un ménestrel de Reims au XIIIe siècle*, Yale University, 1964.

8.   Hellot, Manuscrit du XVe siècle de la Bibliothèque de Rouen (1146), Revue des Sociétés Savantes, 7e série, t. VI, 1882, pp. 330-338.

9.   On trouve une description de ce manuscrit dans le *Catalogue des manuscrits de la Bibliothèque Royale de Belgique* de P. J. van den Gheyn, Bruxelles, 1905, V, 26 et dans le Catalogue de l'exposition 'La librairie de Philippe Le Bon' (1967) rédigé par G. Dogaer et M. Debae, notice 186.

10.   Donald Tappan, 'An eleventh manuscript of the *Récits d'un ménestrel de Reims*', dans *Romance Notes* 24 (1983), pp. 71-75.

11.   E. Langlois, *Notices et extraits des Manuscrits*, t. XXXIII 2, pp. 244-246.

12.   Ce renseignement nous a été fourni par les fichiers de l'IRHT, 40 avénue d'Iéna, Paris.

13.   M. Blancard, 'Etude d'un fragment', dans *Revue de Histoire de France*, t. XXII, 1865, p. 301.

14.   Il convient de signaler que c'est comme chronique que ce texte a été traduit en anglais par E. N. Stone dans *Three old French Chronicles of the Crusades*, Seattle, 1939, Unviversity of Washington, Publ. in the Social Sciences, 10.

15.   Pierre Alphonse, *Disciplina Clericalis*, éd. A. Hilka et W. Söderhjeim, Helsingfors, 1922, *Annales Societatis Scientiarum Fennicae* 49, 4.

16.   Albert Henry, *Les Oeuvres d'Adenet Le Roi*, Rijkuniversiteit de Gent, 'De Tempel', Tempelhof 37, Brugge, 1951, Tome I, en particulier l'introduction.

65

17. On peut consulter sur ce point l'étude de Henri Pirenne, 'Les sources de la Chronique de Flandre jusqu'en 1342', dans *Etudes d'histoire du Moyen Age dédiées à Gabriel Monod*, Paris, 1896, pp. 361-371.

18. Cf. Olive Moore, 'The young King in the Récits d'un Ménestrel de Reims and related chronicles', dans *Romanic Review* 6 (1915), pp. 103-110.

19. Cf. V. Fris, 'Les Sources du Myreur des Histoires de Jean d'Outremeuse pour l'histoire de Flandre', dans *Fédération archéologique et historique de Belgique, Annales du 21e Congrès*, Liège, 1909, 2, pp. 166-175.

20. Cf. M. Haez, 'Un exemple de culture historique au XVe siècle: '*La Geste des nobles François*', dans *Mélanges d'archéologie et d'histoire* (1963), pp. 127-178.

21. Récapitulation des manuscrits contenant une version des *Récits d'un Ménestrel de Reims*:
-A, London, Br. Libr., MS Add. 11753
-B, Rouen, Bibl. Mun., MS 1142
-C, Paris, B.N., MS f. fr. 10149 dit manuscrit de Lucques
-D, Bruxelles, B.R., MS 14561-64
-E, Paris, B.N., MS fr. 24430
-F, London, Br. Libr., MS Add. 7103
-G, Copenhague, Anc. Fds. Royal, MS 487
-H, Londres, Br. Libr., MS Harley 3983
-I, Rouen, Bibl. mun., MS 1146
-J, Bruxelles, B.R., 10478-10479
-K, Cambridge, Corpus Christi College, MS 432

Il convient d'ajouter un manuscrit conservé au Vatican, Reg. 1964 (XVe s.) et un autre qui malheureusement est mutilé: Turin, B.N. 1675 (L. IV. 22) (XVIe s.). Deux manuscrits plus récents doivent être également signalés: Paris, B.N., MS fr. 13566 (XIXe s.: copie des MSS F et A) et Paris, B.N., nouv. acq. fr. 4115-4116 (XIXe s.: copie du MS A).

22. Seules quelques syllabes comme des terminaisons d'imparfait ont pu être déchiffrées ainsi que le terme 'sedes'.

23. Ces miniatures se trouvent aux folios 1, 6, 24v, 32, 39v, 51v, 67, 83v, 91, 99, 114.

24. Cf. John Flinn, *Le Roman de Renart dans la littérature française et dans les littératures étrangères du Moyen Age*, Paris, PUF, 1963.

25. Cf. le Catalogue de James, *op. cit.* Voir aussi sur ce poète le *Dictionary of National Biography*, vol. XVIII, Maurice Pollet, *John Skelton, Poet of Tudor England*, London, 1971, J.M. Dent & Sons Ltd, et Alexander Dyce, *The poetical Works of John Skelton with Notes and some Account of the Author and his Writings*, 2 vols, 1843.

26. La transcription de ce texte a été revue par Tim. C. Graham, Research Associate à la Parker Library. Son aide a été précieuse également pour les références à la bibliographie anglaise. Nous le remercions ici pour son amabilité et sa disponibilité. Sur les textes latins composés par Skelton, cf. David R. Carlson, 'The Latin Writings of John Skelton', in *Studies in Philology* 88, 4 (1991), notices XIII et XIV, pp. 45-46 et pp. 79-80.

27. Cette remarque a été ajoutée dans la marge de droite au folio 3v de la main même de Skelton.

28.	Le terme de 'Policronitudo' (attesté à partir de 1345) signifie 'longévité' (cf. *Revised Medieval Latin Word-List*, by R.E. Latham, British Academy, Oxford University Press, 1965, p. 358. Il est employé par John Skelton à la fin de plusieurs poèmes en latin dédiés au roi (cf D.R. Carlson, *op. cit.*, p. 55) à côté de 'Basileos'. L'expression signifie 'Longue vie au roi!'.

29.	Cf. William Nelson, *John Skelton Laureate*, N.Y. Columbia University Press, 1939, p. 164 et pp. 245-246 ainsi que les illustrations, p. 116 et 174.

30.	Cf. M. Pollet, *op. cit.*, p. 61.

31.	Cf. *The Bibliotheca Historica of Diodorus Sicuius*, Early English Text Society, Oxford University Press, éd. par F.M. Salter & H.L.R. Edwards, 1956, vol. 1, en particulier p. XII.

32.	Cf. Rev. A. Dyce, *Skelton's Poetical Works*, 2 vols, London, 1843 et F.M. Salter, 'Skelton's *Speculum Principis*', dans *Speculum* 9 (1934).

33.	Cf. H.L.R. Edwards, *Skelton: the Life and Times of an Early Tudor Poet*, Jonathan Cape, London, 1949, en part. pp. 131-132.

34.	Richard de Devizes, *De rebus gestis Ricardi Primi*, éd. R. Howlett, dans *Chronicles of the reigns of Stephen, Henri II and Richard I*, vol. III, Londres, 1886.

35.	Nous citons ici un extrait du volume de Michèle Brossard-Dandré et Gisèle Besson *Richard Coeur de Lion: histoire et légende*, Coll. 10/18, bibl. Méd., 1989, p. 101.

36.	*Richard Coeur de Lion...*, *op. cit.*, pp. 25-26.

37.	*Richard Coeur de Lion...*, *op. cit.*, pp. 92-122.

38.	Cf. Pierre Bec, *La lyrique française au Moyen Age (XIIe-XIIIe siècles)*, Paris, Picard, 1978, II, pp. 124-125 et J.K. Archibal, 'La chanson de captivité du roi Richard', dans *Epopées, légendes et miracles, (Cahiers d'études médiévales*, 1), Montréal et Paris, 1974, pp. 149-158.

39.	Il s'agit des dix manuscrits: A, B, C, D, E, F, G, H, J, K (I est incomplet ainsi que les manuscrits du Vatican et de Turin).

40.	Ed. Natalis de Wailly, *op. cit.*, Introduction, p. LXVIII.

41.	Au § 460 l'auteur dit que la reine est 'grosse d'enfant' sans ajouter qu'elle accoucha de sa fille Agnès au mois d'août. D'ailleurs au § 355 dans la liste des enfants que la reine eut du roi cette fille n'est pas nommée.

42.	Cf. Natalis de Wailly, *Notice...*, *op. cit.*: l'éditeur reprend dans cette étude toute sa démonstration à propos de la datation des manuscrits.

43.	Cf. Donald Tappan, 'An eleventh manuscript...', *op. cit*, p. 74.

44.	Les travaux annoncés depuis quelques années par Donald Tappan (USA) et Pascal Bonnefois (France) semblent aller dans ce sens. Une nouvelle édition du texte est en tout état de cause souhaitable malgré les qualités de celle de Natalis de Wailly.

45.	C'est avec cet argument que Natalis de Wailly justifie son nouveau titre de *Récits d'un Ménestrel de Reims*.

46.   Le MS C, bien qu'il appartienne à cette première familly, sacrifie souvent ces expressions imagées: sans doute cela s'explique-t-il par le fait qu'il fut copié deux siècles plus tard, alors que le goût pouvait avoir changé, mais surtout parce qu'il était destiné à une bibliothèque seigneuriale, celle des seigneurs de Guise, et non plus à un public populaire.

47.   Nous proposerons un relevé des proverbes et locutions populaires des Récits d'un Ménestrel de Reims dans les *Mélanges offerts à Jacques Chaurand* (parution prévue en 1994).

48.   Cf. Nous avons étudié cet épisode dans notre thèse, *Jean d'Avesnes ou la littérature chevaleresque à la cour des ducs de Bourgogne au milieu du XVe siècle* (en particulier t. 1, pp. 112-117), soutenue en 1988 et déposée à l'Université de Paris-IV Sorbonne.

49.   Il contient en effet peu de grosses fautes.

50.   Les liens du texte avec la Champagne et avec Reims ont été exposés par Natalis de Wailly dans l'introduction de son édition. C'est pourquoi nous ne revenons pas sur ce point, par ailleurs tout à fait intéressant, dans le cadre de cette étude.

APPROCHE DU MS 20 DE LA BIBLIOTHÈQUE PARKER: ART, THÉOLOGIE ET POLITIQUE DANS LE DOMAINE ANGLO-FRANÇAIS AU XIVe SIÈCLE

Lorsqu'il nous a été demandé de choisir un manuscrit de la Bibliothèque Parker pour en parler à l'occasion de ce colloque, nous n'avons pas, dans un premier temps, retenu le magnifique volume qu'est le n° 20: nous en pressentions la beauté et l'importance, certes, mais les compétences multiples qu'il exige en théologie, en histoire de l'art et en histoire de l'Angleterre médiévale nous faisaient hésiter à tenter l'aventure. De plus, nous n'osions nous engager dans cette forêt que représentent toutes ces Apocalypses qui ont vu le jour au XIIIe et au XIVe siècle, en particulier dans le domaine anglo-français. Aucun participant ne l'ayant choisi, nous avons décider, non sans présomption, de nous y consacrer, afin qu'il ne reste pas injustement dans l'ombre. Puisse cette brève approche permettre d'attirer sur lui l'attention des historiens de l'art, qui, semble-t-il, l'ont un peu oublié, et celle des historiens de l'Angleterre du XIVème siècle.

Nous fournirons d'abord quelques éléments de description susceptibles de compléter le catalogue. Puis nous tenterons de cerner le courant de pensée et la tradition artistique auxquels se rattache l'*Apocalypse* contenue dans ce manuscrit. Nous la situerons dans le groupe d'origine auquel elle appartient. Puis nous la replacerons dans le corpus des quelque 70 *Apocalypses* anglo-françaises des XIIIe et XIVe siècles qui constituent sans doute l'ensemble iconographique le plus homogène de cette période. Nous tenterons d'en déterminer la fonction en tenant compte du programme des illustrations et aussi de la présence de l'*Ordre pour le couronnement d'un roi* à la fin du volume. Nous émettrons, ce faisant, des hypothèses sur le lieu de son élaboration, sur son style et sur sa datation. Enfin, nous évoquerons la fameuse *Tapisserie de l'Apocalypse* d'Angers exécutée dans la dernière partie du XIVe siècle pour Louis Ier d'Anjou par Jean Bondol,

69

peintre du roi Charles V, d'après un certain nombre de ces manuscrits anglo-français.

Voici, donc, d'abord, la description du volume: il s'agit d'un manuscrit en velin, de 72ff. + 3 + 2 pages de garde, mesurant 370 x 249 mm. Deux pages de garde sont formées de feuillets supprimés dans le texte puis remplacés dans le corps du volume, avec des variantes. Selon P. Meyer, le texte des pages de garde est légèrement meilleur que celui des pages réinsérées[1]. J. Wickham Legg, qui pense qu'elles proviennent d'un autre manuscrit copié par la même main, signale un procédé identique utilisé pour le manuscrit de l'*Apocalypse* de Cambridge, Trinity College B 10[2].

Le premier feuillet porte une initiale ornée où se trouve figuré un chevalier agenouillé dont les armes sont de gueules aux chevrons d'or et à trois lions rampants de sable. Il s'agit, comme l'a établi L.F. Sandler[3], des armes du baron Henry de Cobham de Kent (1260-1339) qui fut donc le premier possesseur de l'ouvrage, possesseur sur lequel nous reviendrons ultérieurement. Une inscription à l'entrée du volume indique qu'il a été donné par Juliana de Leybourne, comtesse de Huntingdon (+ 1367) au couvent de Saint-Augustin de Canterbury, où elle a demandé à être enterrée. Notons que le comte de Huntington est mentionné dans le texte de l'*Ordre du Couronnement*. Il est chargé de remettre au roi l'une de ses trois épées[4].

Ce manuscrit contient trois textes:
1) Une *Apocalypse* abrégée en latin et en vers français rimés avec un commentaire en prose, ff. 1 à 60. Le commentaire n'est pas fait, selon P. Meyer, pour notre version rimée. Il est emprunté à celui de la version en prose de l'Apocalypse et il est fragmentaire. Ainsi, il manque le Prologue: 'Sainz Pouls li apostre dit que tuit cil qui welent pieusement vivre en Yesus-Christ...'
2) *La Descente de St Paul en Enfer*, ff. 61 à 66, et la *Visio S. Pauli*, en latin, ff. 66-68 (haut).
3) *L'Ordre pour le Couronnement d'un roi*, en français, ff. 68 à 72.

Le manuscrit est richement enluminé: l'*Apocalypse* comprend 106 miniatures qui tantôt occupent toute la partie supérieure de la page, tantôt une partie de la colonne de droite ou de la colonne de gauche. Quatorze miniatures ornent la *Descente de St*

Paul et le f. 68r est occupé aux 4/5 par une illustration du texte de *l'Ordre du Couronnement.*

L'ensemble des textes est copié par une même main et l'ensemble des enluminures est l'oeuvre d'un même artiste, vraisemblablement de l'entourage de la cour royale, comme nous tenterons de le démontrer.

Ce superbe ouvrage a été présenté lors d'une exposition de manuscrits provenant de l'abbaye de Saint-Augustin de Canterbury de la Bibliothèque Parker, à cette bibliothèque, à l'occasion de l'intronisation du 103e archevêque de Canterbury, en avril 1991, avec une notice de Mildred Budny au catalogue[5].

Avant d'aborder notre volume et pour mieux comprendre sa signification et les raisons de son élaboration, il nous faut en connaître l'héritage, remonter aux sources du développement de l'iconographie de l'Apocalypse en Occident. Grâce aux travaux d'Yves Christe[6], nous savons que ce motif n'appartient pas au christianisme oriental qui ne l'a pas reconnu comme texte canonique. Il se développe à partir du IVe siècle, d'après l'interprétation que fait du texte l'Africain Ticonius, puis saint Augustin qui s'en est largement nourri pour élaborer sa *Cité de Dieu*. 'Plutôt , nous dit il, que de voir dans l'Apocalypse une vision dramatique de la fin des temps, Ticonius et ses réviseurs orthodoxes y reconnaissent une image allégorique de l'Eglise, de sa fondation, dès la résurrection du Christ, à son accomplissement final, au retour du Sauveur.' Il est rappelé avec insistance que 'le Christ par sa résurrection a été intronisé dans le Ciel. Il y règne avec les justes et cette image répétée du royaume de Dieu dans sa réalité actuelle est l'anticipation du triomphe final, au terme du temps de l'Eglise, quand viendra la fin des temps'.

La paix officielle accordée par Rome à l'Eglise par le traité de Milan, en 314, pouvait être interprétée comme la préfiguration du triomphe final du Christ sur ses ennemis.

Une iconographie au service de la célébration du Christ glorieux, adoré par les animaux et par les vieillards, s'est développée à Rome au Ve siècle, à Sainte-Prudentienne, à Sainte-Marie-Majeure, à Saint-Paul-hors-les-Murs. Puis au baptistère de Soter à Naples, à Saint-Vital de Ravenne, à Parenzo en Istrie (Poreuc de l'ex-

Yougoslavie). Bède le Vénérable note que des images des visions de l'Apocalypse ont été rapportées de Rome en 685 par saint Benoît Biscop pour servir de modèle aux fresques de son abbatiale de Wearmouth en Northumbrie[7]. Il s'agit d'un cycle romain, donc, déjà, proposé dans une version anglaise de la fin du VIIe siècle. C'est le même prototype romain qui a guidé l'ensemble de la production des *Apocalypses*, mis à part le cycle dit du *Beatus*.

Cette tradition se répartit en quatre groupes, tels que les recherches récentes de P. Klein ont pu les définir[8]:

1) Le manuscrit de Trèves, Bibl. mun. 31, du IXe siècle et sa copie, le MS de Cambrai, Bibl. mun. 386, où subsistent l'esprit antique et celui du Bas-Empire.

2) Le manuscrit Valenciennes, Bibl. mun. 99, du IXe ou Xe siècle, et le manuscrit de Bamberg, Bibl. Etat 140, au style nouveau, considéré comme un chef-d'oeuvre de l'art italien. Ses peintures dérivent, comme le porche de Saint-Savin sur Gartempe et le baptistère de Novare, d'un même prototype italien.

3) Le groupe auquel appartiennent les manuscrits anglo-français, plus diversifié: l'*Apocalypse* de Haimon d'Auxerre (Oxford, Bodl. Library n° 359), la copie du *Liber Floridus* de Lambert de Saint-Omer, de la bibliothèque de Wolfenbüttel. C'est à ce groupe que se rattache, comme l'ensemble des Apocalypses anglo-françaises, le manuscrit de la Bibliothèque Parker.

4) Le Commentaire de l'Apocalypse du moine asturien Beatus de Liébana (785), avec des textes enluminés des Xe, XIIe et XIIIe siècles, manuscrits de Gérone, de New York, où l'influence mozarabe se fait fortement sentir.

L'origine des soixante-dix *Apocalypses* anglo-françaises qui fleurissent à partir du XIIIe siècle et appartiennent au groupe III est encore mal établie.

Dans son étude sur le manuscrit d'Oxford, Bibl. Bodl. Douce 180, à laquelle nous sommes remontés, Yvan Christe fournit de précieux éléments sur ces filiations:

'Ce que nous savons de Reims jette une lumière nouvelle sur les origines de ces Apocalypses gothiques. Leur prototype commun, si celui-ci a vraiment existé, n'était peut-être pas encore fixé au milieu du XIIIe siècle. De toute manière, sa diffusion était encore restreinte puisque l'atelier de Reims ne s'en est inspiré que très marginalement.'

Un autre cycle du groupe III, celui de l'église de Méobecq, dans l'Indre, permet heureusement d'affiner ces quelques remarques. Au-dessous de la conque absidale, sous une *Majestas Domini* aujourd'hui en lambeaux, 'j'ai récemment identifié', nous dit-il, 'une scène qui illustre l'ouverture du premier sceau et l'apparition du premier cavalier. Jean à gauche écoute le message d'un ange: 'Lorsque l'Agneau ouvrit le premier sceau, j'entendis le premier des Vivants crier comme d'une voix de tonnerre: Viens.' Le premier des Vivants, l'homme ailé et non pas le lion comme on le voit aussi ailleurs, s'adresse à Jean et lui désigne du doigt un cavalier monté sur un cheval blanc. Il galope vers la droite, en bandant son arc, alors que la main de Dieu lui tend une couronne: 'Et voici qu'à mes yeux parut un cheval blanc. Celui qui le montait tenait un arc et on lui donna une couronne."

Les peintures de Méobecq datent, semble-t-il, du milieu du XIIe siècle. Elles sont donc antérieures d'un siècle au moins aux premiers témoins des cycles anglo-français. L'illustration de l'ouverture du premier sceau conservée dans cette ancienne abbatiale reproduit pourtant un schéma identique à celui qui sera retenu dans ces *Apocalypses*. L'image de Méobecq est exactement la même que celle de l'*Apocalypse* de Trinity College datée du troisième quart du XIIIe siècle. Bien qu'elle appartienne à la tradition du troisième groupe, elle présente une variante unique de l'ouverture du premier sceau et c'est précisément cette nouvelle formule qu'on reconnaît ensuite dans les cycles anglo-français. Ces analogies étroites ne sont pas fortuites. Elles révèlent que, dans la première partie du XIIe siècle, déjà commence à se constituer une variante particulière des cycles du groupe III qui, par la suite, donnera naissance à la famille des *Apocalypses* anglo-françaises. Leur prototype commun s'était sans doute fixé dans la première partie du XIIIe siècle. Cette version préliminaire était peut-être connue des sculpteurs du portail sud de Reims et c'est elle qui a servi de base pour la constitution des cycles anglo-français tels que nous les saisissons à partir du troisième quart du XIIIe siècle.

L'existence d'un niveau intermédiaire entre les cycles du groupe III et la série apparemment homogène des *Apocalypses* anglo-françaises n'est pour l'instant qu'une hypothèse. Elle a l'avantage de nous expliquer la présence à Méobecq, puis à Reims, de motifs iconographiques nouveaux régulièrement utilisés par la suite par les quelque cent représentants de cette famille prestigieuse, dont on n'a pas encore réussi à définir les origines exactes, les filiations, les relations internes[9].

A l'intérieur du corpus anglo-français, comme l'ont pu l'observer P. Meyer et, à sa suite, Yves Christe, toujours, notre manuscrit présente un texte et un programme iconographique extrêmement proche de ceux du MS de Londres, Brit. Mus. Add 18633 et de Toulouse, Bibl. mun. 815. Mademoiselle Signorino, dans un mémoire de maîtrise, a pu établir que le MS de Toulouse provenait sans doute de l'East Anglia[10]. Nous n'avons pu voir le manuscrit de Londres, mais nous pouvons dire que le programme iconographique n'éclaire pas entièrement la genèse de l'oeuvre. Notre manuscrit est bien différent de celui de Toulouse qui semble une copie maladroite d'un éventuel modèle commun. En fait, ce regroupement ne nous apporte pas d'information pour notre manuscrit, dont l'exécution est différente. Nous ferons une seule observation qui nous oblige à anticiper sur la suite de notre étude: le manuscrit de Toulouse propose avec une fréquence particulière la vision du Christ en gloire ou du Christ en majesté, entouré des Vieillards. Il y a l'affirmation nette, dans cette insistance, de la foi au roi du Ciel, triomphant des forces du mal. On peut ajouter qu'alors que les autres visages ne sont guère intéressants, l'artiste a mis toute sa concentration sur le visage du Christ, son regard de compassion et la noblesse de ses traits. Il ressort vigoureusement dans la relative platitude de l'ensemble et vient confirmer l'hypothèse d'une iconographie insistant sur le rayonnement du Christ en gloire.

Incontestablement, nous retrouvons cette affirmation de la royauté de Christ dans notre *Apocalypse* où il apparaît plus de vingt fois, le plus souvent en majesté. La Vision de Saint Paul peut être laissée de côté, avec son exposition des peines de l'enfer. Elle exploite un thème à la mode, certes, mais qui fait plutôt ici figure de remplissage. En revanche, le fait qu'un ordre du Couronnement soit joint, avec une enluminure représentant un roi sur son trône, à une Apocalypse représentant avec insistance le Christ en majesté révèle le sens à la fois théologique et politique de l'élaboration: l'entourage royal. La tradition des soixante-dix Apocalypses anglo-françaises nous sert de guide dans notre interprétation: il est nécessaire de remonter aux premiers manuscrits du cycle, qui sont, notons-le, les plus beaux, et de voir pour qui et pourquoi ils ont été exécutés.

Le premier manuscrit d'Apocalypse anglo-française est celui de Cambridge, Trinity College, R. 62. Il s'agit peut-être du plus prestigieux d'entre eux. C'est lui, en tout cas, qui a donné l'élan à ce grand mouvement iconographique. D'autre part, et surtout, il éclaire les raisons théologiques de l'élaboration de cet immense corpus et, par là, du nôtre. Ce manuscrit a été exécuté pour la reine Eléonore de Provence, femme de Henri III Plantagenêt, mère du roi Edouard Ier. L'Apocalypse est suivie d'une *Vie de Jean* semblable à celles du manuscrit de l'Escurial, et du MS de la Bibl. nat. 403. La personnalité du roi et de la reine éclaire leur choix artistique qui est un choix théologique: en effet, profondément religieux, Eléonore et Henri III portent un intérêt particulier au mouvement des franciscains disciples de Joachim de Flore et aux théories de ce théologien, interprète millénariste de 'L'Evangile éternel de l'Age'. Les 'joachinistes' attendent une ère nouvelle de renouveau spirituel inscrite dans l'histoire de l'Eglise. Le Père de Lubac, dans son étude sur la postérité spirituelle de Joachim de Flore, constate que la conception de l'activité des trois personnes de la Trinité s'organise alors selon une théologie de l'histoire[12]. Et il note, avec le Père Congar, que l'historiographie apocalyptique a exercé à l'intérieur de la chrétienté jusqu'au nord de l'Europe et spécialement en Angleterre une action à la fois importante et diffuse. Or les joachinistes situent autour de 1260 l'entrée du monde dans le règne de l'esprit, soit le moment où fut élaborée l'*Apocalypse* de la reine Eléonore. Ce courant millénariste était très fort en Angleterre. Plus tard, les hommes de la cinquième monarchie pensaient qu'il leur incombait de préparer le retour du Christ. L'Apocalypse joue le rôle de diffuseur de ces idées, qui sont adoptées par le pouvoir royal. Elle est l'instrument d'un courant theologique lui-même utilisé par le royauté pour asseoir son pouvoir: elle fonctionne donc à deux niveaux: assimilation fondamentale de la figure royale à celle du Christ en majesté et assimilation de l'ère du royauté actuelle avec l'entrée dans l''ère de l'esprit. On comprend alors pourquoi tant d'*Apocalypses* virent le jour à la fin du XIII et au début du XIV siècle.

D'autre part, la grande affaire du règne de Henri III Plantagenêt fut la reconstruction de l'église abbatiale de Westminster, ce qui impliqua la rénovation de la châsse de saint Edouard le Confesseur, canonisé en 1163, presque un siècle après sa mort, saint qui jouissait d'un culte national. En 1269 eut lieu la consécration de l'église actuelle de Westminster. Les reliques de saint Edouard furent transportées dans la nouvelle châsse dont on trouve la représentation dans le manuscrit commandé par Eléonore, actuellement à l'Université de Cambridge. Au pignon de la châsse, il y a une majesté et, sur des colonnettes en cuivre doré, deux figures qui se font face: saint Edouard le Confesseur, un anneau à la main, et un pèlerin qui n'est autre que saint Jean l'Evangéliste: un jour, en effet, le roi n'ayant pas d'argent sur lui donna son anneau à un pèlerin en détresse: ce pèlerin était Jean. Donc on voit bien pourquoi la reine Eléonore fit exécuter cette Apocalypse complétée d'une vie de Jean, à la louange d'Edouard le Confesseur et de saint Jean, le tout dans le cadre de Westminster. On voit bien ici encore une fois les raisons qui en ont motivé la commande: une piété certaine. Le projet théologique de célébrer la gloire du Christ roi, d'affirmer des convictions joachinistes et millénaristes associée au culte de la famille royale pour saint Jean. Mais projet associée à celui d'un art de cour où la royauté anglaise apparaît comme représentant la royauté du Christ sur la terre et prépare son retour.

Notre manuscrit confirme cette interprétation puisque l'Apocalypse y est suivie de l'*Ordre du Couronnement* avec son enluminure, glorifiant le pouvoir royal, l'image du roi étant calquée sur celle d'un Christ en majesté.

Par ailleurs, alor qu'il étudiait le manuscrit d'Oxford Douce 180, Yves Christe a établi avec beaucoup de subtilité des rapprochements entre les manuscrits selon qu'ils présentent tel ou tel schéma iconographique, à savoir:
    1) ceux où apparaissent des scènes de la vie de Jean (Cambridge, Trinity College, 16.2).
    2) ceux qui débutent par la lettre *Piisimo Caesari*.
    3) ceux où les îles évoquées dans le texte sont nommées sur les miniatures (Garmosia, Tylis, Sardis, Patmos avec le Bosphore).
    4) ceux qui possèdent une illustration pour chacune des sept Eglises d'Asie auxquelles Jean s'adresse: Ephèse, Smyrne, Pergame, Thyatire, Sardes, Philadelphie, Laodicée, sept Eglises qui figuraient dans le programme de Trèves et de Bamberg et où l'on retrouve le groupe de nos trois manuscrits, celui d'Oxford, Ashmole 753 et celui d'Oxford, Douce 180[12].

Grâce a ce rapprochement avec le MS d'Oxford, nous tenons la clef de l'analyse de notre manuscrit: voici, en effet, deux manuscrits exécutés l'un pour le futur roi Edouard, l'autre avec *l'Ordre du couronnement*, pour un entourage royal, au service, à l'evidence, de la royauté anglaise.

Ce manuscrit, d'une exceptionelle beauté, est une Apocalypse en Latin avec la glose de Beregaudus et un fragment de texte et de glose en français. Il porte, au début du texte, une initiale historiée divisée en deux registres sur fond doré où l'on peut voir le prince Edouard I (le futur Edouard Ier) et son épouse Eléonore de Castille, agenouillés devant la Trinité, et, plus haut, deux figures de Jean, écrivant et prêchant. A l'évidence, ce manuscrit a été exécuté pour le futur roi et son épouse et unit dans son projet le pouvoir royal au monde divin. Tel est le sens que la monarchie anglaise a voulu donner à l'Apocalypse: le roi entouré de son peuple a pour modèle le roi du Ciel entouré des justes et des vivants.

Autre rapprochement: celui qu'on peut faire avec la Painted Chamber du palais de Westminster, telle que des dessins du XIXe siècle ont permis de la reconstituer, ainsi qu'avec le fameux Rétable de Westminster[13]. Son origine paraît donc être Londres, un atelier dirigé par l'abbaye de Westminster et par la cour royale, un des modèles proposé étant la *Vie d'Edouard le Confesseur*. *L'Apocalypse* d'Oxford fait partie d'un groupe de quatre *Apocalypses* appelé groupe de Westminster, dont dérivent à leur tour d'autres *Apocalypses*, parmi lesquelles Cambridge, Trinity College B. 10. 2.

Sans qu'on puisse établir que notre manuscrit dérive, quant au style, directement de celui-ci, on peut noter une parenté iconographique dans la première partie, des similitudes plus ou moins proches dans l'organisation des motifs, dont ceux des *sept églises* sont le meilleur exemple. En tout cas, l'origine établie de l'atelier permet de faire le lien entre le milieu spirituel de Westminster et celui de la cour, les possesseurs le prince Edouard et son épouse, et la valorisation du pouvoir royal par la royauté du Christ telle que nous l'évoquions plus haut.

Voici donc trois *Apocalypses*, la première écrite pour Eléonore et Henri III, la seconde pour Edouard leur fils et la troisième, la nôtre qui est suivie de ce texte de *l'Ordre pour le Couronnement d'un roi*. Ce texte reflete l'idéologie proposée par l'Apocalypse: le Roi est semblable au Christ, fils du Roi David et il doit réaliser son règne *hic et nunc.* On pourrait même dire, en exagérant un peu, que les enluminures de l'Apocalypse illustrent aussi, en fait, le texte de l'*Ordre pour le Couronnement d'un roi.*

Le texte se propose, en fait, comme un rituel du sacre s'achevant par une messe, toute la cérémonie se déroulant à Westminster. Ce ne sont pas les figures d'Arthur et de Brut de la tradition laïque qui sont évoquées ici comme dans les *Chroniques* de Mathieu Paris, pour valoriser la royauté anglaise, mais celle du roi Salomon et du roi David:

'Salomon, festez richesse par le noble doun de saver et de pes, regardes les pieres de vostre humilité et multipliez les doun de vostre benescon sur cesti vostre seriaunt que ove bone devocion sacromus Roy et lui aournez de totes partz par la puissaunce de vostre main, qu'il soit afermé par la leauté de l'avandit Abraham et qu'il est de la deboneretéde Moyses, la force de Josue, la de David et le saver de Salomon [...] qu'il aprenge defendre et sauver desoreenevant vostre eglise et le people que baillé lui est[14]...'

Dès le Xe siècle, se développe une idéologie de la royauté anglaise en parallèle avec l'idéologie impériale des pays germaniques, celle héritée de *la Cité de Dieu* de saint Augustin: un roi Christ, qui a reçu l'onction, comme l'évêque, dans la cathédrale. Comme Henri II qui au XIe siècle est figuré portant le monde et les étoiles sur son manteau d'azur, tel qu'on peut le voir au musée diocésain de Bamberg, le roi, ici, reçoit 'un mauntel' qu'on lui remet avec ces paroles:

'Recevez mauntel ove les quatre corners par qui devez entendre les quatre parties del mounde estre soget a la poesté de Dieu et que nul homme poet en tere regner fors celui a qu le poer du regne est doné de ciel[15].'

Il restaurera la fertilité du royaume:

'Dieu tut pussant vous doint pleatee de la rosee de ciel et de la gresce de la tere de furment et de vin et le people serve a vous les nacions vous aourent. [...] Dieu tut pussant vous benefietz de la benescon de quanque bone paramount et paraval de les benescon de [...] les defourmet et de grapes et de poummes et les benescons de voez anciens pieres Abraham et Ysaac et Jacob veingnent sur vous'.

Ainsi de l'empereur Henri IV auquel ce même pouvoir de fécondité était attribué, qui, traversant la Toscane, voyait arriver à lui de pauvres paysans qui venaient toucher son manteau afin d'obtenir une bonne récolte[15]. Tel est le sens, sans doute, qu'il faut attribuer à l'iconographie de la moisson et de la vendange figurant dans notre manuscrit et dans celui d'Oxford, assez loin, faut-il le dire, du sens terrible du passage dans le texte de l'Apocalypse, moisson de mort et vendange donnant le sang répandu par la colère de Dieu.

Le roi est entouré dans le texte comme sur la miniature des plus hauts dignitaires de l'Eglise: l'archevêque de Canterbury, l'évêque de Rochester, l'archevêque d'York, l'abbé de Westminster et son sacristain. Les laïcs sont présents également et offrent au roi les symboles du pouvoir: le seigneur de Worksop qui lui remet son sceptre; le comte de Huntingdon doit lui remettre l'une de ses trois épées, les autres étant offertes par le comte de Chester et le comte de Warwick, comme il est précisé au début du texte. Le roi, tel qu'on le voit sur la miniature, est entouré d'autres seigneurs massés autour du trône pour l'acclamer comme les Vieillards de l'Apocalypse autour du trône du Christ. L'iconographie du texte de l'Apocalypse ne comprend pas moins de vingt et une figurations du Christ en gloire, dont celle du roi de la Terre apparaît comme le prolongement, dans un art où la volonté théologique s'associe étroitement à la valorisation du pouvoir royal par la représentation du Christ glorieux.

Ce roi assis sur le trône, il a les insignes du pouvoir dans la tradition de la représentation d'Auguste, seigneur du monde du *Liber Floridus* de Trèves dont nous avons dit qu'il faisait partie, comme notre manuscrit, du groupe III des *Apocalypses*, remontant à un même prototype romain, et fait penser au Christ roi trônant dans la cité céleste de la fresque du XIIe siècle de l'église San Pietro al monte de Civate. L'idéologie royale née de l'empire germanique avec pour modèle l'imperium - l'empereur d'Allemagne Henri III ne s'est-il pas installé sur l'Aventin pour régner sur toute la chrétienté? - s'exprime dans un art à la fois religieux et aulique lui-même héritier d'un prototype romain.

Comme l'indique l'historien de l'art Francis Wormald, nous sommes, avec cette miniature de l'*Ordre du Couronnement*, devant la première représentation iconographique d'un roi d'Angleterre assis sur un trône.[16] Il faut mettre cette représentation en rapport avec le fait que le roi Henri III a commandé à Godfrey de Lysson, en 1250, un trône qui, comme la plupart des trônes anglais du XIIIe siècle, devait rappeler l'iconographie du trône de Salomon, celle-ci étant elle-même liée à la symbolique de la Vierge, siège de la sagesse. La valorisation du roi d'Angleterre par la figure de Salomon remonte au Xe siècle où l'on chantait l'antiphone *Unxerunt Salomonem* lors de la cérémonie du couronnement.

79

Mais s'agit-il ici du couronnement d'Edouard II ou de celui d'Edouard III? Certains ont pu établir qu'il s'agissait du roi Edouard II, car on voit une barbe à la figure royale. Comme Edouard III est monté sur le trône à quatorze ans, il ne peut, selon ces critiques, s'agir de lui: il eût été imberbe. Cet argument n'est pas très satisfaisant, si l'on en juge par l'absence de réalisme des visages. Nous ne sommes pas devant un portrait mais devant la représentation idéale d'un roi.

La paléographie, à vingt ans près, ne peut être d'un grand secours. Il faut donc analyser les peintures pour envisager à quel style appartient ce manuscrit de Cambridge. Tout d'abord, on est frappé par l'organisation et la clarté narrative des enluminures. A la différence du manuscrit d'Oxford animé de grands mouvements des figures, d'amples battements d'ailes angéliques sur des paysages eux-mêmes animés d'une vie intense, ici, c'est le règne de la mesure et de la clarté qu'on peut supposer de tradition française. Les personnages se détachent sur fond de damiers, un par scène, jusqu'à trois compositions de damiers par peinture, avec un cloisonnement net entre les scènes qui font penser aux miniatures et aux porches du gothique français de la fin du XIIIe siècle. Le maître est capable d'un grand pouvoir d'abstraction dans la compréhension de la signification des scènes, où ne figurent aucun detail décoratif, inutile où redondant et dans leur exécution: ainsi de la destruction de Babylone, véritable architecture cubiste d'une rare puissance intellectuelle. Certains fonds de damiers sont constitués de séries de visages aux yeux en virgule, déjà trouvés dans le manuscrit de Toulouse, qui paraissent de tradition anglaise. Nous sommes en effet devant un style anglo-français, visages joufflus avec bouches tombantes plutôt anglais selon Francis Wormald, visages creusés, bouches au fin sourire plutôt français. L'élégance des coiffures aux boucles abondantes, avec une curieuse coque sur le front, les poses des personnages ne sont pas sans rappeler les *Apocalypses* dites de Westminster. Les déhanchements presque dansants, les gestes stylisés des bras et des longues mains, le hiératisme des silhouettes appartiennent aussi, nous semble-t-il, à une tradition française.

Tous ces éléments, ainsi que les couleurs plus somptueuses et chaudes que celles d'Oxford (orange, bleu lavande des vêtements que rehaussent des bordures blanches), font que les spécialistes tels L.F. Sandler rapprochent notre manuscrit des Heures de Taymouth et des Heures d'Egerton (Londres, Brit. Mus. Egerton 2782) composées dans les années 1340-1350.[17] Ce style étant 'inconcevable' avant 1327, et le volume exécuté pour Henry de Cobham mort en 1339, il faut situer sa composition entre ces deux dates, et considérer que l'*Ordre du Couronnement* est celui du roi Edouard III. Ajoutons que le traitement des groupes de figures, des anges en particulier, l'élongation des corps soulignés par des vêtements aux plis très fins qui allègent la silhouette et semble l'emporter vers le haut, comme défiant la pesanteur, le traitement des visages auréoles rapprochés et à la même hauteur, le flamboiement des tons sont autant d'éléments qui peuvent faire penser à une influence italienne. La couleur orange, dans son intensité, n'est pas sans rappeler celle de figures siennoises, ainsi que les longs plis serrés des robes qui donnent au corps une sorte de tension vers le haut, esthétique à laquelle une statue anonyme conservée au Dahlem Museum de Berlin (Sienne, XIV siècle) nous a fait immédiatement penser. Or, selon E. Panofsky[18], avant même l'arrivée des papes en Avignon, dès les années 1320, une 'vague d'italianisme', avait gagné Paris, l'Espagne du Sud, l'Allemagne et l'Angleterre. Nous pouvons noter, donc, une fusion des styles qui se développent alors à travers l'Europe.

Et ce que nous avons appris sur le premier possesseur de notre manuscrit, Henri de Cobham et sur sa famille, pourrait confirmer la dadation et éclairer ces échanges artistiques avec l'Italie: Henry de Cobham se distingua par une action militaire au service du roi Edouard Ier en 1284; il mourut en 1339; il vécut donc sous trois règnes: ceux d'Edouard Ier, d'Edouard II et d'Edouard III. Le manuscrit a donc très bien pu être exécuté à l'occasion du couronnement d'Edouard III ou dans l'intention de le commémorer.

D'autre part, nous avons pu constater qu'un membre de la famille d'Henri de Cobham, son contemporain, un certain Thomas de Cobham, mort en 1327, était un homme de grand savoir ayant étudié le Droit à Oxford, la Théologie à Cambridge et ayant fréquenté la Faculté des Arts à Paris, au moment où, notons-le, les échanges intellectuels et artistiques avec l'Italie s'y intensifiaient. Par ailleurs, il fut chargé par le roi d'Angleterre d'une mission auprès du pape alors en Avignon et c'est en Avignon encore qu'il reçut consécration de sa charge à Worcester. Il fut donc au contact direct avec les premiers témoignages de l'art italien avignonnais. Il s'était constitué une importante bibliothèque encore conservée à Oxford. On peut imaginer les échanges qui ont pu avoit lieu entre lui et Henri de Cobham, et plus généralement, comment l'art italien a pu se faire connaître en Angleterre à travers l'élite au pouvoir.[19]

Une récente étude de Paul Binski et David Park sur l'influence des peintures de Duccio à la cathédrale d'Ely vient à l'appui de ce que nous suggérons.[20] En effet, selon ces éminents spécialistes de l'art anglais du XIVème siècle, l'Annonciation peinte dans la chapele du prieur Crauden, dans les années 1330, est un exemple manifeste de l'influence de l'art italien en Angleterre. Les auteurs relèvent également cette influence à la chapelle St Stephen de Westminster, et, pour l'enluminure, dans les Zouche Hours, le Psautier de Brescia et celui de Simon de Montacute, évèque d'Ely.

On ne saurait clore cette trop brève approche sans évoquer la tapisserie de l'Apocalypse d'Angers. En fait, cette oeuvre a été au point de départ de notre réflexion car elle nous a permis de remonter à ses sources et de les éclairer. 'La belle tapisserie sur laquelle sont contenues toutes les figures et visions de l'Apocalypse', note le Roi René dans son Testament, en 1474, a été pensée en quatre-vingt-quatre tableaux, sous lesquels couraient le long de la bordure inférieure, le texte aujourd'hui disparu. Au demeurant ce n'est pas tant le texte lui-même qui a guidé la main de l'artiste, que l'iconographie. Comme l'on sait, cette tapisserie a été exécutée entre 1373 et 1380 pour Louis Ier d'Anjou, grâce à Nicolas Bataille qui en fut le promoteur, d'après les cartons et maquettes de Hennequin de Bruges, ou encore Jehan Bondol, l'auteur de la fameuse Bible de Jean de Vaudetar, qui, dès 1366 porte le titre de peintre du roi. Charles V lui-même a prêté un manuscrit de l'Apocalypse (l'actuel Bibl. Nat. 403) 'à Monseigneur d'Anjou pour faire son beau tapis' et toute la cour s'intéressait à l'immense projet. Or, C.Muel et les historiens récents de la tapisserie ont découvert que ce manuscrit n'était pas le seul à avoir inspiré Jean Bondol. Peut-être même, il n'aurait que peu servi à l'élaboration des cartons. Une étude des sujets particuliers de la tapisserie a permis de dresser une table de concordance entre ceux-ci et ceux d'autres manuscrits parmi lesquels notre manuscrit d'Oxford. Celui de Cambridge n'est pas mentionné, ce qui ne signifie pas qu'il n'a joué aucun rôle, en particulier pour l'iconographie des sept églises. A travers ce chef-d'oeuvre s'est ainsi opéré une translation des motifs et des styles de la cour anglaise à la cour de France.

Il apparaît donc que le manuscrit n° 20 de la Bibliothèque Parker est à situer dans la chaîne des Apocalypses ayant été exécutées dans l'entourage de la cour royale d'Angleterre, dans le souci de célébrer le pouvoir royal en associant sa gloire terrestre à la majesté du Christ roi. Le volume semble appartenir à l'art des années 1330 et, dans sa splendeur, concentrer les traits anglais, français et italianisants ce cette période. Concentration d'une force et d'une grandeur qui, à son tour, rayonnera sur la France, sur les Flanders et se diffusera jusqu'en Bohème, et, plus tard, bien sûr, dans l'Allemagne de Dürer.

Françoise Ferrand,
Université de Paris X.

NOTES

1.   P. Meyer, *Versions anglo-normandes de l'Apocalypse*, dans *Romania* XXV (1896), pp. 174 et suivant.

2.   Voir l'analyse minutieuse de J.W. Legg dans son édition de l'*Ordre pour le couronnement d'un roi*, dans 'Three Coronation Orders', Henry Bradshaw Society, 1900, pp. XXI et suivant.

3.   L.F. Sandler, *Gothic Manuscripts, 1285-1385*, t.II, Harvey Miller/ Oxford University Press, 1986, notice n° 103.

4.   Texte de l'*Ordre pour le Couronnement*, éd. Legg, *op. cit.*, p.41.

5.   M. Budny, *Canterbury at Corpus*, in 'An Exhibition of Manuscripts from St Augustine's Abbey, Canterbury', Parker Library, Corpus Christi College, Cambridge, 1991, pp. A6 et A7 dans *An Old English Newsletter* (Modern Language Association of America, Center of Medieval and Early Renaissance Studies), 29,iv (1991).

6.   Voir l'excellente analyse, à la fois exégétique et iconographique proposée par Yves Christe dans sa longue introduction de l'édition en fac-similé établie par ses soins avec Jean Grosjean de l'*Apocalypse* du manuscrit conservé à Oxford, à la Bibl. Bodl. n° Douce 180, pour le Club Français du Livre, Paris, 1981, pp. 65 et suivant. Le même Yves Christe apporte de très précieux renseignements sur le sujet dans son article 'Traditions littéraires et iconographiques de l'interprétation des images apocalyptiques' publié dans un ensemble d'importants travaux et éclairant le sens des Apocalypses médiévales, dans *L'Apocalypse de Jean: tradition exégétique et iconographique du XI au XIII siècles*, Genève, Droz, 1979, pp. 109 et suivant.

7.   Précisément, Bede affirma que c'est maintenant, *cuncto tempore huius saeculi*, que les Vivants et les Vieillards acclament leur souverain. Voir Y. Christe, éd. de l'*Apocalypse*, d'Oxford, *op. cit.*, p. 67.

8.   Dans son article '*Les cycles de l'Apocalypse du Haut Moyen-Age*' (IX-XIIème siècles) dans 'L'Apocalypse de Jean...' *op. cit.*, pp. 135 et suivant, P. Klein expose également le découpage du

texte de l'Apocalypse tel qu'il se faisait à l'époque médiévale, qui en détermine le sens et qui a inspiré l'iconographie. Par exemple, après l'ouverture du septième sceau, l'apparition des sept anges aux trompettes et celle de l'ange à l'encensoir, motifs si importants dans nos manuscrits, débutent une nouvelle période. Ils sont assimilés à l'Eglise, tout comme les Vivants et les Vieillards au lieu de l'assembler les Justes pour le Jugement, selon le découpage et l'interprétation actuelle de la Bible de Jérusalem ou de la T.O.B. par exemple.

9. Y. Christe, éd., *Apocalypse, MS Oxford, Bibl. Bodl. Douce 180*, *op. cit.*, pp. 70 et suivant.

10. Information aimablement fournie par François Avril, Conservateur en chef du Département des Manuscrits de la Bibliothèque Nationale.

11. Voir F. Van Der Meer, *L'Apocalypse de la Reine Eléonore*, dans *l'Apocalypse dans l'art*, Paris, Chêne, 1978, pp. 153 et suivant. Le père d'Eléonore, Raymond Bérenger, s'intéressait aux 'Sprituels' franciscains et à Joachim de Flore célèbré par Dante pour son esprit prophétique *La Divine Comédie: Paradis*, Chant XII, 40 et 41).

12. H. de Lubac, S.J., *La Postérité spirituelle de Joachim de Flore*, Paris, éd. P. Lethielleux, 1979, t.I, de Joachim à Schellig, pp. 93 et suivant.
Voir aussi R. Freyhan, *Joachism and the English Apocalypses*, dans *Journal of the Warburg and Courtauld Institute* (1955), pp. 244 et suivant.

14. Ed. Legg, *op. cit.*, p. 49.

15. *Ibid.*, p. 61.

16. Sur cette conception du pouvoir royal et sur son iconographie on peut se reporter au livre de Georges Duby, *Adolescence de la Chrétienté occidentale*, ch. 1, *Les rois de la terre*, Paris, Skira, 1967, pp. 15 et suivant.

17. F. Wormald, *Studies...*, *op. cit*., ch. V, *The Throne of Salomon, and St Edward's Chair*, p. 62.

18. De nombreuses parentés stylistiques existent, en effet, entre ces manuscrits; en particulier, on y trouve, comme dans le nôtre, ces fonds composés de damiers dont chacun contient une figure aux yeux en virgules. S'y voient aussi ces architectures qu'on pourrait dire cubistes telle celle de la ville de Babylone dans notre *Apocalypse*.
Il serait utile de comparer entre eux l'ensemble de ces manuscrits en y examinant les différentes influences.

19. E. Panofsky, *Les Primitifs Flamands*, Harvard University Press, 1971, trad. D. Lebourg, Paris, Hazan, 1992, pp. 49 et suivant.

20. Cf. *Dictionary of National Biography*, éd. L. Stephen and S. Lee, v. IV, Londres, pp. 610 et 611.

21. P. Binski et D. Park, 'A Ducciesque Episode at Ely: the Mural Decoration of Prior Crauden's Chapel', dans *England in the XIVth century*, éd. W. Ormrod, Woodbridge, 1986, pp. 28 et suivant.
Les échanges de toutes sortes s'étaient intensifiés au début du XIVème siècle entre l'Italie et l'Angleterre. Les banquiers issus de grandes familles florentines, tels les Bardi, les Peruzzi, s'installant à Londres, tandis qu'il était fait appel à un artiste anglais pour l'édification du tombeau du Pape Jean XXII, en Avignon, à Notre-Dame des Doms.

22.   Sur les sources de la Tapisserie de l'*Apocalypse* d'Angers, consulter C. de Merindol, F. Muel,
A. Ruais, et F. Salet, *La Tenture de l'Apocalypse d'Angers*, éd. Conserv. Régional de l'Inventaire
Général des Pays de la Loire, Nantes, 1985.   Egalement, 'The Manuscript Model of the Angers
Apocalypse Tapestry, dans *Burlington Magazine* 127 (1985), pp. 209-218.

23.   Voir la bibliographie détaillée pour chaque manuscrit dans R. Emmerson et S.Lewis,
Census and Bibliography of Medieval Manuscripts containing Apocalypse Illustrations, c. 500-1500
dans *Traditio* XLI (1985), pp. 307-409.

        Nous remercions pour son aide le Centre de Recherche et d'Etudes Médiévales de
l'Université de Rouen, pour leur constante disponibilité, nos amies de la Section Romane de
l'Institut de Recherche et d'Histoire des Textes, ainsi que Monsieur Guy Lobrichon, Maître de
Conférences en Histoire Médiévale au Collège de France, Madame Hortensia Gautier, Attachée à
l'Inventaire Général de Paris, Madame Anne Duflos, Conservateur à l'Inventaire Général des Pays
de la Loire et Monsieur Francis Muel, Conservateur à l'Inventaire Général de Bretagne.

L'*Histoire des Seigneurs de Gavre* (MS 91)

Le roman en prose de l'*Histoire des Seigneurs de Gavre*, écrit au milieu du XVe siècle, m'occupe depuis de longues années déjà: il vient d'en paraître une édition dans la Bibliothèque du Quinzième siècle chez Champion. De ce roman nous connaissons deux copies du XVe siècle conservées l'une à Bruxelles, l'autre à Cambridge; une troisième copie, écrite en 1533, a disparu depuis le début des années 1970.[1] La comparaison des manuscrits prouve que nous avons affaire à deux versions de la même histoire; l'examen de ces différences nous aidera à mieux cerner la nature spécifique du manuscrit conservé dans la Parker Library.[2]

Pour commencer je parlerai de *Gavre* en tant que roman généalogique. Après un bref résumé du récit et un aperçu des différentes formes qu'a revêtues cette histoire en français et en néerlandais, je m'occuperai plus spécialement des différences entre ce que j'appellerai la version brève et la version longue de l'*Histoire des Seigneurs de Gavre*. Ensuite je parlerai des particularités du manuscrit de Cambridge.

L'*Histoire des Seigneurs de Gavre* est un roman généalogique du milieu du XVe siècle: dans l'un des deux manuscrits nous lisons en effet: "Ceste histoire a esté translatee de grec en latin, et du latin en flamenc; depuis a esté transm[uee] en langaige franchois, le desrain jour de mars l'an mil .CCCC.LVI. Et icy fine l'istoire des seigneurs de Gavres."[3]

C'est le récit d'un jeune homme qui, ayant été chassé tout enfant encore, avec sa mère, du château paternel en Flandre, arrivera à se tailler une place dans la haute aristocratie européenne. A l'âge de 18 ans notre héros, Louis de Gavre, quitte sa mère et va courir l'aventure. Après avoir servi le duc de Milan pendant une année, il poursuit sa route et, passant par la côte dalmate, arrivera finalement à Athènes. Ici il sauve l'armée du duc, obtient les plus hautes fonctions et épouse Ydorie d'Athènes, la fille du vieux duc Anthenor. Naît un fils qui sera, après Louis, duc d'Athènes. Ayant appris l'annonce d'un tournoi à Compiègne (organisé par le roi Philippe III, donc entre 1270 et 1285) Louis part avec 30 chevaliers, accompagnés tous de leur femme ou amie, pour prendre part au tournoi. Proclamé vainqueur à

Compiègne, il réussit encore à réconcilier son père avec sa mère. Un deuxième fils de Louis et Ydorie est né, Baudouin de Gavre, qui héritera des terres ancestrales en Flandre. Voilà "la vraye histoire des seigneurs de Gavres, dont estoit issu le duc Loÿs d'Athaines et les aultres seigneurs de Gavres regnans jusques aujourd'uy".[4]

De l'histoire que j'ai résumée ici, il existe encore deux autres versions.

D'abord un texte bref en prose, connu sous le nom de *Baudouin de Gavre*, conservé dans un petit manuscrit de luxe à la Bibliothèque Nationale de Paris (n.a.fr.1821). Dans ce manuscrit (incomplet d'ailleurs) nous lisons également que le héros (ici il s'appelle Baudouin de Gavre) est chassé, avec sa mère, de la maison paternelle. L'une de ses premières aventures le mène en Hongrie, où il délivre le vieux roi, devient le fiancé de la fille de celui-ci, et reste en Hongrie en tant que gouverneur. Son père, en route pour la Terre Sainte, passe par la Hongrie, et est vaincu dans un duel par son propre fils. Finalement le vieux seigneur de Gavre se réconcilie avec sa femme.

Le schéma du récit est donc parfaitement comparable à celui de l'*Histoire*, mais l'auteur se concentre sur l'essentiel de l'action. L'étude du texte et du manuscrit me font croire que la version dans ce codex a été faite à l'occasion du mariage de René d'Anjou (qui n'avait pas encore oublié ses aspirations au trône de la Hongrie) avec Jeanne de Laval (héritière de la seigneurie de Gavre), en 1455.

L'autre version qu'il faut mentionner brièvement est la version rimée en langue néerlandaise; elle a été imprimée au début du XVIe siècle à Anvers, pour Henri Eckert van Homberch. On peut donner à ce texte le titre de *Gaver Capeel*, nom employé dans le récit pour indiquer le personnage principal. Il ne reste de cette édition que le texte du dernier cahier, qui donne 222 vers. Nous pouvons en conclure que le récit a été relativement bref (env. 1600 vers ?); il parle d'un seigneur de Gavre qui a été séparé de sa femme, du chagrin de celle-ci, et des hauts faits de leur fils qui a épousé la fille du comte de Laval.[5]

Nous pouvons donc dire qu'un récit sur un drame familial, la façon heureuse dont celui-ci a été résolu et le rôle brillant qu'a joué dans cette histoire un jeune membre de la famille de Gavre a, sous ses différentes formes, dû connaître une divulgation relativement importante à la fin du Moyen Age dans la région comprise entre Lille et Anvers.

Retournons maintenant à l'*Histoire des Seigneurs de Gavre*. Il s'agit d'un produit de la littérature bourguignonne du milieu du XVe siècle. Le manuscrit de Bruxelles (Bibliothèque Royale 10.238) est assez soigné; il est sur papier, illustré de 96 miniatures dans le style particulier de l'atelier du Maître de Wavrin. Il a été écrit en 1456/1457.[6] Le second manuscrit est celui de Cambridge (Corpus Christi College, 91); il est sur parchemin et n'a qu'une seule miniature à la première page; l'écriture est assez nette, mais le texte présente bien des fautes, causées par des 'sauts du même au même'. Le manuscrit daterait d'entre 1465 et 1475, et serait un produit d'une officine des Pays-Bas du Sud.[7]

La forme du texte (la prose), la langue (le français du Nord), le sujet (l'ascension d'un jeune noble venant des régions du Nord, la Flandre ou le Hainaut, et dont les 'descendants' se trouvent dans les cercles autour du duc de Bourgogne), la façon dont on parle des différentes fonctions du noble,[8] des habitudes d'autrefois et de la courtoisie, ce sont autant de traits qui nous rappellent d'autres textes du même milieu. Nous croyons avoir établi que le roman a été écrit à l'occasion des fiançailles ou du mariage de Godefroid de Gavre avec Marie de Ghistelles, deux représentants du milieu auquel nous avons fait allusion.[9] Il reste pourtant bien des questions, dont celle-ci, qui nous occupera maintenant: il existe deux versions de l'*Histoire des Seigneurs de Gavre*; pouvons-nous déterminer pour qui la version plus longue, contenue dans le manuscrit de Cambridge, a été faite?

Si nous comparons la version *B* (Bruxelles) à la version *C* (Cambridge)[10], il y a plusieurs différences à signaler; la plus importante est la présence d'une longue introduction dans *C* (de plus de 26 pages), où l'auteur raconte tout ce qui se passe avant que le héros n'arrive dans le Nord de l'ancienne Yougoslavie. Le MS *B* décrit la même période en un peu plus de 13 pages.[11] L'introduction relativement longue de *C* s'explique par les détails que l'on donne sur le mariage de Guy de Gavre (le père du héros), sur son service militaire, sur la naissance et le baptême de son fils, ensuite sur la lutte qui oppose Guy de Gavre au seigneur de Wavrin, et finalement sur la bonne éducation que donne la jeune dame de Wavrin à son fils Louis de Gavre.

Par contre à la fin du texte, *C* est plus bref que *B* dans le récit de la réconciliation après le tournoi de Compiègne: pour ce qui est de cet épisode, l'auteur de *C* semble ne pas vouloir reprendre le récit des actions chevaleresques que fait Louis de Gavre à son père, ni donner les détails de la réconciliation ou des fêtes.

Finalement il manque dans cette version *C* un passage qui correspond à peu près à deux pages de la version de *B*;[12] il est clair que dans ce dernier cas, il s'agit probablement d'un accident matériel qui s'est produit lors de la copie de l'ancêtre commun à *C* et *F*.

Examinons la nature de quelques passages par lesquels *C* se distingue de *B*.

La première différence explicite se trouve dans le prologue. Là où *B* nous dit que cette histoire "fait mencyon des seigneurs de Gavres et dont les armes que a present possessent sont venues", le manuscrit de Cambridge "fait mencion des seigneurs jadis possessans les terres, chasteaulx et seignouries en Flandres, et dont les armes qu'i a present possessent leur sont venues".[13] Disons-le tout de suite: ce changement d'accent est, à mon idée, indicatif de l'opposition entre ces deux versions. Il est clair, en effet, que si l'on met en regard les 13 pages de l'introduction dans *B* et les 26 pages de *C*, ce dernier manuscrit ajoute, à côté d'une anecdote historique sur le siège de Gerone en 1285,[14] surtout des remarques qui servent à glorifier la famille de Wavrin, et ceci au détriment des Gavre.

Prenons l'exemple du mariage du père de notre héros. Selon *B* (p.3: l.1-8), c'est à l'âge de 38 ans que Guy de Gavre "prist a femme la fille du seigneur de Wavrin, que moult estoit belle pucelle, sage, humble et courtoise, eagee de .XVII. ans. La feste et solempnité des noches furent faittes en la ville de Lille leez Flandres." Le comte (sans doute Baudouin de Flandre) tient cour plénière pendant quatre jours; ensuite on s'en va à Gavre, où la jeune mariée est bien reçue. Suivent trois mois de bonheur conjugal. Dans *C* (p.242: l.23-p.243: l.7), Guy de Gavre "requist a femme la fille du seigneur de Wavrin, laquelle estoit moult saige et courtoise et humble, au desseure de toutes les pucelles que pour le temps on sceust trouver; ses meurs et bonnes vertus dont elle estoit garnye furent mireoir et exemple a toutes nobles femmes a bien vivre." Le comte de Flandre joue un rôle actif; le mariage se fait à Bruges à "l'eglise Saint Donas". Après une nuit de noces où tout s'est passé à souhait et après quatre jours de fête, on part pour Gavre en compagnie du comte de Flandre qui s'en va au neuvième jour; suit encore un mois de bonheur conjugal pendant lequel "la josne dame conceut d'un filz". En lisant attentivement le passage en question, on découvre plusieurs différences; ainsi il y règne une atmosphère plus courtoise, mais on constate surtout plus d'attention et de respect pour la famille de Wavrin. En outre il y a le changement de lieu et la réduction de la lune de miel à quatre semaines. Mais l'auteur de *C* prend bien soin de dire que pendant cette période, la jeune dame conçoit un fils. L'enfant qui va naître est donc dès ici qualifié comme étant le fruit d'une union légitime. Pour le public du texte, la jeune dame, caractérisée déjà comme une personne exemplaire, a une conduite irréprochable. Par contrecoup, en la soupçonnant d'infidélité, après son retour de la guerre, le seigneur Guy de Gavre en deviendra plus hideux.

Un peu partout dans ces 26 pages de l'introduction de *C*, le nom de Wavrin est à l'honneur. Evidemment l'auteur devra parler aussi de Louis de Gavre, mais sa mère est bel et bien une Wavrin, qui est parentée à la plus haute noblesse française (par exemple aux Saint-Pol).[15]

Jetons encore un coup d'oeil sur la guerre, évitée de justesse, entre le seigneur de Wavrin et Guy de Gavre. Le passage se trouve seulement dans *C*. Le vieux seigneur de Wavrin, père de la jeune dame répudiée, veut forcer son gendre à reprendre chez lui sa femme et son enfant. Wavrin fait donc appel à ses parents et amis: le comte de Saint-Pol, le comte de Blois, les seigneurs de Châtillon, de Graville et de Torsy sont nommés expressément; on se loge " a Wavrin, a Santes et a Beauchamp, a Frommelles et en pluiseurs autres villaiges appartenans au seigneur de Wavrin".(p.251, l.36-38). L'armée de Wavrin, en marche près d'Audenarde, avance sous le soleil qui "jettoit ses rais sur le harnas, sur l'or et sur l'asur dont leurs heaulmes et escus estoient couvers, que a les veoir ce sambloient estre angeles empenés" (p.254, l.6-8). Et le seigneur de Gavre? Il "assambla tous ses parens et amis" (p.252, l.10). Peut-être faut-il compter parmi eux les seigneurs de Ghistelle, de Gruthuse, de Dixmude et de Haluin, qui avaient essayé, sur l'ordre du comte de Flandre, de convaincre Guy de

Gavre à reprendre sa femme et son enfant, mais en fait le texte ne donne aucun renseignement sur les troupes de Gavre.

L'attention accrue pour la famille de Wavrin caractérise ce passage; elle marque le début de la version longue. Dans le reste du texte, elle est beaucoup moins prononcée, mais nous la retrouvons parfois. Ainsi au moment où Louis de Gavre, devenu déjà duc d'Athènes, reçoit la nouvelle du tournoi de Compiègne, *B* nous parle de "la dame de Gavres" (p.186, l.19-20) qui était la fille "d'un moult hault baron" (p.188, l.13). Dans les deux cas *C* ajoute que son père était le seigneur de Wavrin (variantes, p.275). Par tous ces accents sur la famille de Wavrin, cette version de l'*Histoire des Seigneurs de Gavre* s'oppose donc nettement à la version contenue dans le manuscrit *B* qui a été exécuté, je le répète, dans l'atelier du Maître de Wavrin!

Je pense que nous pourrions expliquer ce qui s'est passé comme suit: en 1456, à l'occasion d'un mariage dans la famille de Gavre-Herimez, quelqu'un a passé commande à l'atelier où travaillait le Maître de Wavrin, à Lille, pour une *Histoire des Seigneurs de Gavre*. Dans le récit on a fait entrer une vieille légende sur un seigneur de Gavre marié à une jeune fille, et certaines données plus ou moins historiques sur la présence de membres de la famille de Gavre en Grèce.[16] Après avoir livré le manuscrit en question (*B*), on a gardé le brouillon. Plus tard un membre de la famille de Wavrin, se rappelant que dans l'*Histoire des Seigneurs de Gavre* figurait une Wavrin, a fait exécuter à partir d'une copie (peut-être le brouillon) une nouvelle version, où sa propre famille était plus à l'honneur que dans la version originale. Le manuscrit de Cambridge est un représentant de cette deuxième édition.

Ajoutons que l'auteur de cette version plus longue a dû être une personne avec des connaissances historiques considérables ou qui a dû avoir accès à des archives. Elle n'a pas choisi au hasard les noms qu'elle a ajoutés. Les personnages les plus importants du parti de Wavrin ont effectivement tous été liés par des mariages au début du XIVe siècle. Hugues de Châtillon, comte de Saint-Pol, par son mariage avec Marie d'Avennes, comtesse de Blois, devient aussi comte de Blois. La petite-fille de Hugues, Eleonore de Châtillon, devient l'épouse de Jean Malet, IIIe du nom, seigneur de Graville. La mère de Jean Malet est Jeanne de Wavrin, fille de Robert de Wavrin, dit Brunet, seigneur de Saint-Venant. La soeur de Jean Malet est la belle-mère de Colart d'Estouteville, seigneur de Torcy. D'autre part les quatre seigneurs flamands, envoyés en ambassade auprès de Guy de Gavre, sont tous liés par des mariages au XVe siècle.

L'opposition entre des seigneurs français (autour de Wavrin) et des seigneurs flamands (du parti de Guy de Gavre) peut également reposer sur une réalité historique. Au début du XIVe siècle, il y a eu, entre autres (en 1302), la bataille des Eperons d'Or près de Courtrai. Notons encore que Gaucher V de Châtillon, comte de Saint-Pol et comte de Blois, connétable de France, a eu le commandement de plusieurs expéditions dans les guerres de Flandre entre 1302 et 1320.[17] L'auteur est donc quelqu'un qui a dû bien connaître l'histoire.

Pour qui aurait-il écrit? Le texte de la version longue doit avoir été composé entre 1456/1457 (date de l'original) et environ 1465-1475, date du manuscrit *C*. Avons-nous affaire à une version faite pour le chroniqueur Jean de Wavrin, personnage considérable de l'entourage de Philippe le Bon ?[18] Ou faut-il penser à Jean, bâtard de Wavrin, né vers 1445, seigneur de Garbecque (sous Lillers) et du Forestel, fils naturel de Wallerand, seigneur de Wavrin? Rappelons que Jean hérite Forestel de son grand-oncle Jean, le chroniqueur, avec qui on lie l'atelier du Maître de Wavrin.[19] Mais arrêtons: en l'absence de données précises il est impossible de déterminer pour qui a été faite la deuxième édition de ce texte.

Examinons pour terminer le manuscrit de Cambridge. Il s'agit d'un grand in-folio en parchemin, mesurant à peu près 26 sur 36 cm., de 200 folios de texte, précédés et suivis de 2 feuillets.[20] Le texte est écrit en une lettre bourguignonne et disposé en deux colonnes de 30 lignes. La réglure est en rouge, ainsi que les titres de chapitres; rouge, bleu et or sont les couleurs employées pour les capitales; certaines majuscules sont rehaussées de traits d'ocre; le texte est parsemé d'ornements à fond d'or.

Présent dans la Parker Library depuis la fin du XVIe siècle,[21] le manuscrit est resté relativement peu connu: Doutrepont le mentionne en 1939,[22] mais il faut attendre la belle *Chrestomathie de la langue française au quinzième siècle* de Peter Rickard, parue en 1976, pour lire enfin quelques pages du manuscrit de Cambridge.[23]

La copie a été faite probablement en Flandre dans les années 1465-1475, à en juger d'après les décorations marginales et la miniature. Celle-ci occupe presque toute la première page. Nous y voyons un intérieur de château avec plusieurs personnages. La scène représentée est celle du début du texte où Guy de Gavre jette son fils au feu, après une remarque maladroite de la mère qui le fait douter de sa paternité. Quelques servantes sont à genoux, d'autres personnages debout. Au fond de la salle se trouve une belle tapisserie où, dans six cartouches, se déchiffre: "Honny / soit / qui / mal / y / pense".

Sous la miniature il y a deux colonnes de huit lignes où est donné le début du prologue; entre les deux colonnes, autour d'un écu et cimier grattés,[24] nous voyons le collier de l'ordre de la Jarretière, avec la légende " Honny soit qui mal y pense". A ce qu'il paraît, la devise de l'ordre de la Jarretière, qui revient donc dans la tapisserie, est placée dans le mauvais sens: normalement elle va de gauche à droite, ici de droite à gauche. Est-ce que cette anomalie est voulue, ou trahit-elle le travail d'un atelier peu habitué à ce genre de commandes? Dans la marge de droite, à mi-hauteur de la page, une bannière a également été grattée.

Une première conclusion semble être que ce manuscrit a été fait à l'intention d'un membre de l'ordre de la Jarretière, et qu'à un moment donné on a voulu supprimer les marques du premier propriétaire.[25] Cette impression est renforcée lorsque nous regardons le codex. A plusieurs reprises, on a coupé des marges où, me semble-t-il, ont pu se trouver des marques de propriétaire.[26] Ainsi au f.25, on a fait disparaître une partie de la marge inférieure, tout comme au f.68; au f.118 il manque la marge supérieure et le côté, au f.133 un triangle renversé dans la marge inférieure, au f.144 la marge supérieure et le côté, et au f.163 on a coupé un rond dans le coin d'en bas. Au f.162v nous trouvons dans la marge de gauche des gribouillages qui pourraient représenter entre autres *a*, *al*, *c* et *s*. Sur le recto du dernier feuillet (blanc) du codex nous pouvons lire encore: "Noverint universi per presentibus me Thomam". Le verso avait été collé à la reliure; il s'y trouve deux fois deux lignes de texte, pratiquement illisibles. Voilà ce que nous apporte le codex.

L'examen du texte montre qu'il y a eu une répartition du travail sur plusieurs personnes. On peut distinguer peut-être deux mains différentes, l'une écrivant une lettre de forme, l'autre une variante un peu cursive. Mais elles se ressemblent beaucoup, et semblent même alterner parfois sur la même page. Est-ce alors un changement de copiste qui fait comprendre pourquoi au verso du feuillet 96, où le chapitre se termine au bas de la première colonne, le reste de la page est resté vierge? Il s'agit ici de la fin d'un cahier, et l'écriture du feuillet 96 semble être différente de celle du feuillet 97. C'est sans doute l'effet d'une coopération de plusieurs personnes qui explique qu'après certains titres de chapitres le rubricateur a ajouté un numéro d'ordre, tandis que pour d'autres, ce n'est pas le cas. Signalons aussi la différence entre cette numérotation des chapitres présente dans deux cahiers du manuscrit et leur nombre réel: le 26ième chapitre que nous comptons serait, selon la numérotation observée dans le texte, le 28ième. Ce décalage se retrouve encore vers la fin du texte (81 serait 83).[27] Ajoutons que le rubricateur qui donne la numérotation a tendance à écrire le nom de Gavre sans -s final dans les titres de chapitres qui se trouvent aux feuillets 74v-86r et 169r-184r. Finalement, nous pouvons constater que parfois les couleurs et la qualité de l'or employés dans les capitales et l'ornementation changent: voir les feuillets 89r-96v, 137, 144 et à partir de 185r.

Les copistes ont travaillé, dirait-on, sans donner toute l'attention voulue au texte qu'ils ont transcrit: nous constatons à plusieurs reprises des fautes causées par des sauts du même au même. Voir par exemple *B*: "beaulté que en luy veoyent estre, et aussy fort s'esbahissoyent de ce que sy jone le veoyent. Pour ce que par renommee" (éd.citée, p.35, l.38-40) donne dans *C*: "que en lui veoient, pour ce que par renommee" (*C*, f.46a). C'est donc justement la remarque sur la jeunesse de Louis de Gavre, soulignée à plusieurs reprises dans le texte, qui fait défaut dans *C*. Autre exemple: "que a noz anemys ne soit crainte et paour. Montons sur noz destriers, alons requerir noz anemys, ostons leur l'esperance de victoire" (*B*, éd.citée, p.79, l. 14-16); dans le ms. *C* nous lisons ici "a noz ennemis osterons leur esperance de victoire" (f.83b).

Parfois aussi il y a un mot tronqué ou des mots répétés. Par exemple: "le duc to desconforté" (*C* f.81c) où *B* donne "tout desconforté" (éd. citée, p.77, l.8); "chevale" dans *C* (f.179b) au lieu de "chevalerye" dans *B* (éd. citée, p.192, l.34). Les répétitions concernent des mots isolés: "filz filz" (éd. citée, p.256, l.23), "autres autres" (id., p.267, var. de B chap.10), "dame dame" (id., p.275, var. de B chap.81).[28]

Signalons finalement que, à côté de ces fautes involontaires, le texte de *C* trahit un certain souci de modernisation. Plusieurs mots vieillis ou formes trop régionales sont remplacés par des termes plus généraux ou récents: ainsi par exemple on remplace l'expression "corner l'eawe" de *B* par "apporter l'eaue" ou "laver les mains" dans *C*.[29]

Que pouvons-nous conclure de tout cela? Faite probablement pour un membre de la famille de Wavrin, la version longue de l'*Histoire des Seigneurs de Gavre* aura été copiée, peut-être un peu hâtivement, dans un manuscrit de luxe destiné à un noble anglais, membre de l'Ordre de la Jarretière, avant 1475. Pour une raison ou pour une autre, les marques du premier propriétaire ont été enlevées, probablement avant que le manuscrit n'entre dans la collection Parker.[30] Signalons que dans cette collection c'est un des rares textes littéraires, et le seul en français, de la fin du Moyen Age: on dirait que Parker l'aurait acquis par hasard.[31] Mais de qui?

Si je voulais à tout prix suggérer un nom, on pourrait penser par exemple à Richard Neville, comte de Warwick, que Wavrin aurait rencontré à Saint-Omer en 1467. Richard Neville a été chevalier de l'Ordre de la Jarretière, et Parker a été en contact avec des Warwick au XVIe siècle.[32] Mais dans les *Chroniques d'Angleterre*, lorsqu'il parle de cet entretien à Saint-Omer, Wavrin ne dit rien qui pourrait soutenir cette suggestion.[33] Et pourquoi d'ailleurs a-t-on rendue méconnaissable la provenance de ce manuscrit? Est-ce qu'il n'a pu être livré à son premier destinataire, ou aurait-il été volé avant d'être vendu à Parker? Encore une de ces questions sans réponse. Il est clair qu'il reste encore quelques problèmes à élucider à propos des livres français de la Parker Library.

René Stuip
Université d'Utrecht

NOTES

1.	*Histoire des Seigneurs de Gavre*, publiée par René Stuip, Paris, Champion, 1993 (Bibl. du XVe siècle LIII). Pour le MS *F*, disparu depuis 1970 environ, voir l'article de Claude J.Thiry, 'Une rédaction du XVIe siècle de l'*Histoire des Seigneurs de Gavre*', dans *Mélanges Pierre Le Gentil*, Paris, 1973, pp. 839-850.

2.	Pour la rédaction de cet article j'ai pu profiter des conseils de mes collègues l.Nienhuis et K. van der Horst; je les en remercie.

3.	Il s'agit du MS de Bruxelles. Voir éd. citée p. 220, l.15-18. La remarque sur la traduction finale de 'flamenc' en français est intéressante, vu l'existence d'une rédaction en néerlandais de notre histoire; d'autre part ce genre de remarques sur des sources en langue étrangère est courante à l'époque. Voir encore p.1, l.10-11, où l'auteur dit qu'il a traduit d'italien en français... Signalons que, dans la région où le texte est né, le dernier jour de mars 1456 donne le 31 mars 1457 n.s.

4.	Ed. citée, p. 220, l.13-15. Nous avons trouvé des traces de quatre autres manuscrits de cette version; cf. éd. cit., p.xi.

5.	Pour plus de renseignements sur les deux versions signalées ici, voir l'édition (p.XII-XV).

6.	Voir la note 2 pour la datation. Cf. aussi, pour le miniaturiste, G.Dogaer, *Flemish Miniature Painting in the 15th and 16th Centuries*, Amsterdam, Israël, 1987, pp. 90-93, et le catalogue *La Miniature flamande. Le Mécénat de Philippe le Bon*, Bruxelles, 1959, p.81.

7.	Voir la description de M.R.James, dans *A descriptive catalogue of the manuscripts in the library of Corpus Christi College, Cambridge*, Part I, Nos. 1-100, Cambridge, 1909, p.176-7, et le catalogue spécialisé des *Manuscrits français de la Parker Library* par N.Wilkins, Cambridge, 1993. La datation m'a été suggérée par M.K. van der Horst, conservateur des manuscrits de la Bibliothèque Universitaire d'Utrecht. Elle s'accorde avec des détails vestimentaires visibles dans la miniature.

8.	Cf. par exemple Joel Blanchard, 'Ecrire la guerre au XVe siècle', dans *Le Moyen Français* 24-25 (1989), pp. 7-21.

9.	Cf. éd. citée, pp. XVII-XIX.

10.	Nous laissons de côté le manuscrit *F* (de Liège, perdu) qui représente également la version longue de *C*. Voir éd. citée, pp. XXXII-XXXIII.

11.	Ed. citée, pp. 241-266 pour le texte de *C*, pp. 1-14 pour *B*.

12.	Il s'agit de *B*, f.154v-155r; toutes les caractéristiques de *C* signalées ici se retrouvent dans *F*.

13.	Ed. citée p. 1, l.11-13 et p. 240, l.12-14.

14.	Il s'agit du siège de la ville de Gerona en 1285, MS *C*, éd. cit. p.245, 1.30-33. Ch.-V. Langlois (dans E.Lavisse, *Histoire de France*, III, 2, Paris, 1911, p. 117) écrit: 'pendant ces deux mois les croisés eurent beaucoup à souffrir des maladies, des mouches venimeuses et des guérillas'. Voir aussi *Lexikon des Mittelalters* I, pp. 866-867.

15.	Voir éd. citée p. 248, l.34-35: 'le conte de Saint Pol, a qui le seigneur de Wavrin estoit prouchain parent.'

16.   Voir l'éd. citée, pp. XVIII-XIX et n. 27.

17.   Les données sur les relations familiales entre ces différents seigneurs viennent des neuf volumes de l'*Histoire genealogique et chronologique de la Maison royale de France, des Pairs, grands Officiers de la Couronne & de la Maison du Roy: & des anciens Barons du Royaume[...]* par le P. Anselme [...] Troisième édition, Paris, 1726-1733. [Réimprimée en 1967, sous le titre *Histoire de la Maison royale de France et des grands officiers de la couronne*, Paris, New York et London.] Pour Gaucher de Saint-Pol voir *Lexikon des Mittelalters* II, p. 1773.

18.   Pour Jean de Wavrin voir A. Naber, 'Jean de Wavrin, un bibliophile du quinzième siècle', dans *Revue du Nord* LXIX (1987), pp. 281-293.

19.   Pour les données sur Jean, fils de Wallerand, voir F.Brassart, 'Une vieille généalogie de la maison de Wavrin', dans *Souvenirs de la Flandre Wallone* 16 (1876), p. 66.

20.   Voir pour la description technique du MS les catalogues mentionés dans la note 7.

21.   Voir *A descriptive catalogue of the manuscripts in the library of Corpus Christi College Cambridge*, by M.R.James, Volume I, Nos. 1-250, Cambridge, 1912, Introduction, p.XXXIV. Le MS *C* est mentionné dans la charte-partie du legs de Parker, dressée en 1574.

22.   G.Doutrepont, *Les mises en prose des épopées et des romans chevaleresques, du XIVe au XVIe siècle*, Bruxelles, 1939, p. 323, n.1.

23.   Le livre a paru en 1976 aux Presses Universitaires de Cambridge; le fragment choisi se trouve aux pp. 158-162, sous le titre de *Louis de Gavres*.

24.   Même sous la lampe de Wood on ne distingue rien de précis. Peut-être y a-t-il deux ailes déployées dans l'écu?

25.   Mais pour qui? Faut-il chercher un noble Anglais, chevalier de l'ordre, dans l'entourage d'un Wavrin?

26.   La remarque est faite déjà dans James, *A descriptive Catalogue*, I, p. 176.

27.   Rappelons que *C* (de par son introduction plus longue) compte plus de chapitres que *B*.

28.   Voir l'article de Thiry (n.1) qui signale des cas plus ou moins comparables de 'lecture en escalier' dans la copie *F*.

29.   Voir pour d'autres exemples l'éd. citée, pp. XXXVI-XL.

30.   Signalons que Parker a laissé dans plusieurs manuscrits des traces de sa lecture (soulignements, numérotation etc.), mais il ne paraît pas avoir mutilé les livres de sa bibliothèque. Au contraire, il a fait copier 'à l'ancienne' par l'un de ses scribes des pages qui manquaient dans certains de ses manuscrits. Voir May McKisack, *Medieval History in the Tudor Age*, Oxford, Clarendon Press, 1971, pp. 26-49 ('Matthew Parker and his Circle'), plus spécialement pp. 34-36.

31.   Pour les intérêts littéraires (presque nuls) de Parker voir Bruce Dickins, 'The Making of the Parker Library', dans *Transactions of the Cambridge Bibliographical Society* VI, I (1972), pp. 19-34, spécialement pp. 33-34. Sur ses façons de rassembler des manuscrits voir McKisack, pp. 28-31.

32.   Voir la correspondance de Parker, MS 114 de Corpus Christi College, les numéros 58 et 59.

33.   Cf. *Recueil des Croniques et anchiennes Istories de la Grant Bretaigne, a present nommé Engleterre*, par Jehan de Waurin, seigneur du Forestel, edited by [...] Sir William Hardy and Edward L.C.P. Hardy, Vol. V, 1447-1471, London, 1891, p. 523.

LES MANUSCRITS DU *BRUT* EN PROSE

FRANÇAISE (MSS 50, 53, 98, 133, 469)

Pour vous parler d'une façon cohérente des manuscrits du Brut en prose dans la collection Parker, il me faut d'abord définir le genre, tel que je l'entends. Qu'est-ce que c'est qu'un Brut? C'est l'histoire ou la généalogie des rois d'Angleterre, à partir du roi Brut, fils d'Enéas roi de Troie, qui conquit l'île d'Albion dans l'ère pré-chrétienne pour en devenir le premier roi. Les sections du début sont basées de façon libre, et par l'intermédiaire du *Roman de Brut* de Wace, sur la *Historia regum Britanniae* de Geoffroi de Monmouth, ou en contiennent des parties. Quelques versions commencent avec un prologue, en vers ou en prose, qui raconte l'épisode d'Albine, fille d'un roi grec, qui avec ses vingt-neuf soeurs fut exilée de sa terre natale et arriva en Angleterre où de leur union avec une race de diables naquirent les grands géants qui seront vaincus par Brut. Beaucoup de Bruts abrégés commencent avec la division de l'Angleterre en sept royaumes, dite l'Heptarchie, ou avec le règne du roi Egbert, le premier à réunir tout le pays sous un seul roi. Leurs points terminants varient beaucoup, mais la plupart continuent jusqu'à l'ère des rois Plantagenet ou même plus loin. Les Bruts existent en anglais, français et latin, la version française étant généralement considérée comme la version originale. Leurs dates de composition s'étendent du douzième au quinzième siècle; leur plus grand essor eut lieu au quartorzième.

Un des traits spéciaux du genre est son caractère fragmenté. Les scribes ajoutaient souvent, chemin faisant, des détails, des descriptions ou des épisodes qui leur semblaient à propos, et il en résulte un corpus dont les membres, bien que beaucoup d'entre eux se ressemblent, sont tous différents.

Dans la partie historique, la chronologie est parfois défectueuse et il est alors très difficile de la reconstruire, tant les rois et les épisodes sont mélangés. Des fois on trouve des fragments de textes étrangers en appendice ou dans la marge, et ce sont souvent des généalogies de lignées apparentées à la famille royale, telle que la descendance de Rollo, pour illustrer les origines de Guillaume le Bâtard, ou celle d'Edmund Ironside, dont deux arrière-petites-filles

101

devinrent reines d'Angleterre.[1] Mais on trouve aussi des lignées de familles nobles, comme dans le MS Parker 98 qui contient les généalogies des familles Lacy et Marshal.

Les Bruts ont rarement des titres. Les quelques titres qui existent ont été donnés après coup, et encore à des textes importants tels que la *Scalacronica* (MS Parker 133), la *Polistorie* (MS British Library Harley 636) ou le *Petit Bruit* (MS British Library Harley 902). Ils sont généralement indiqués dans les catalogues comme 'Brut' ou 'histoire/généalogie des rois d'Angleterre'.

Ils existent en forme de codex et rouleau, et sur les rouleaux le texte est souvent écrit sur les deux côtés; le MS British Library Add. 8101 a même deux Bruts, un sur le recto et l'autre sur le verso, mélangés avec des bouts de texte étrangers. Dans beaucoup de manuscrits, le texte n'est pas complet, soit que le scribe ait été interrompu, soit que le manuscrit ait été abîmé. Les rouleaux sont parfois en mauvais état, sales et en partie indéchiffrables, et il y a plusieurs cas où le bout en a été arraché, ce qui donne une lacune dans le texte; tels le MS Londres College of Arms 20/5 où la section inférieure manque, et les rois à partir d'Ethelbald jusqu'à Edouard le Martyr manquent, c'est à dire les années 855-978; et le MS Cambridge University Library Dd.III.58 où manque toute la section de l'Heptarchie à Harold Godwinson. Un manuscrit de la Bodleian Library (MS Fr.d.1 (R) 32859) a été tellement estropié, en partie par le feu, qu'il est maintenant trop fragile pour être montré ou même photographié.[2]

A l'origine des chroniques en forme de rouleau il y a le *Compendium historiae in genealogia Christi*, un abrégé de la Bible écrit par Pierre de Poitiers, chancelier de Notre-Dame, qui succéda à Pierre Comestor en 1169 dans la chaire de théologie de l'école épiscopale de Paris. Il avait coutume de faire placer, à l'usage des pauvres clercs, des images qui montraient, dans la forme d'un arbre, les histoires et les généalogies de l'Ancien Testament.[3]

Cachés au milieu d'autres textes, de documents juridiques, même écrits dans la marge d'un autre texte comme c'est le cas dans le Peterborough Chronicle, les Bruts sont souvent difficiles à trouver et à identifier. Parfois on les trouve tout à fait par hasard, comme le Cambridge University Library MS Ee.I.i, qui se compose de deux chroniques, une de la fin du 13ème siècle/début du 14ème siècle, qui est enchaînée à une autre datant du 12ème siècle, les deux cachées sous la description 'Ici sunt escrites les leys et les custumes ke li reys Willame establit en Engleterre pus ke il avait la terre conquise'.[4] Parfois, on trouve la trace d'un manuscrit pour la perdre ensuite. Cela m'arriva avec un beau rouleau de la collection Phillipps dont j'ai vu des photographies à la British Library, et que j'ai poursuivi à travers les catalogues de vente jusqu'à une vente à Hambourg en 1987, puis perdu à cause du manque de documentation dans la maison de vente.[5] Il est bien possible qu'il existe des fragments de Bruts dont nous ne connaissons point l'existence, dans des mélanges de textes ou même cachés dans des reliures, comme renforcement, comme cela se faisait dans le temps.

Les travaux de recherche sur les Bruts ne sont pas nombreux, ce qui, étant donné les difficultés d'identification et de classification, et le nombre de textes en question, n'est pas étonnant. Parmi les premiers chercheurs, dans la deuxième moitié du 19ème siècle, se trouvaient Paul Meyer en France, l'évêque Stubbs, Sir Frederick Madden et Sir Thomas Duffus Hardy en Angleterre, et Friedrich Wilhelm Daniel Brie en Allemagne. Il y a aussi des éditions qui datent de cette époque, par Thomas Wright et John Glover. Plus récemment, Johann Vising énuméra un nombre de manuscrits des Bruts.[6] Survint alors une longue période où personne ne semble s'être soucié des Bruts, jusqu'aux années 60 quant Christian Foltys ré-édita l'oeuvre de Glover.[7] De nos jours, Lister Matheson a travaillé de façon intensive sur les Bruts en anglais, Ruth Dean est en train de dresser une liste de tous les Bruts en anglo-normand, William Monroe, dans une thèse monumentale, a étudié les généalogies en forme de rouleau à partir de Pierre de Poitiers, et John Taylor a dévoué une partie de ses recherches sur l'historiographie en Angleterre au 14ème siècle aux Bruts.[8] Le travail des chercheurs modernes est rendu plus difficile et plus lent par le fait que beaucoup d'ouvrages qui portent sur les Bruts, surtout les plus anciens, manquent d'indiquer la langue des textes en question.

Malgré l'importance de la recherche récente, il est vrai que nous sommes encore loins d'avoir déblayé le terrain.

Certains chercheurs parlent souvent d'une 'version originale' dans le genre, ce qui me paraît bien douteux, étant donné le caractère fragmentaire des Bruts. Brie avait postulé une version dite 'courte' qui termina avec la mort de Harold Godwinson en 1066, puis une 'version longue' qui continua jusqu'à l'année 1272, en précisant que les sources de ces deux versions n'étaient pas les mêmes; il identifia ensuite une 'première continuation' jusqu'à 1307 et une 'deuxième continuation' au-delà de cette date, jusqu'à 1333. D'autres savants, par exemple Taylor et Gransden, ont établi d'autres critères en postulant une version 'longue' et une 'courte', selon la présence ou l'absence d'un prologue et de certains épisodes, ou selon une terminaison de la chronique avant ou après la bataille de Halidon Hill en 1333; ces classifications ne me paraissent guère persuasives.[9]

Pour ce qui est des sources, Brie croyait que la version dite courte était basée sur Wace et Gaimar pour la partie qui se rapporte aux rois de la *Historia regum britanniae*, puis, se rendant compte des différences entre sa version courte d'une part et Wace et Gaimar de l'autre, suggéra que l'auteur se serait servi de textes par ces deux auteurs perdus depuis - ce qui n'est past très convaincant. Au cours de la préparation de mon édition des deux Bruts dans Cambridge University Library MS Ee.I.i, feu le professeur Roger Darlington m'a donné de précieux conseils. Il était d'avis que les sources de ces textes étaient Guillaume de Malmesbury, des éléments de la chronique de Roger de Hoveden, mais aussi des données dérivées de sources trouvées ailleurs dans l'historiographie contemporaine. John Glover cite Pierre de Ickham comme source principale du *Livere de reis de Brittanie*. Il reste beaucoup de travail à faire sur la question des sources.

Quant aux auteurs des Bruts, on n'en sait que peu de chose. Le seul que je connaisse est Rauf de Boun, l'auteur du *Petit Bruit*, dont j'ai publié une édition en 1987.[10] De l'auteur au scribe la ligne de démarcation est très mal définie. Là encore, il reste du travail sur la planche.

La longueur des manuscrits varie énormément. Il y a de vastes codices comme le MS Parker 133, à 233 feuillets, de longs rouleaux comme le MS Parker 98 à 18 peaux, ou de petits fragments comme le MS Parker 50 à un feuillet seulement. Faisant contraste avec les pauvres petits textes serrés dans un peu d'espace resté libre à la fin d'un texte plus important, il y a de beaux manuscrits; tel le MS 12155 de la Bibliothèque nationale à Paris, un beau grand codex du 15ème siècle aux capitales et bordures illuminées, dont le début est orné d'une miniature montrant la présentation du manuscrit au mécène (dont je n'ai pas pu déterminer l'identité).

Le contenu des textes varie beaucoup aussi. Dans un article à paraître prochainement j'ai établi une liste des manuscrits contenant des Bruts, tout en m'efforçant de clarifier un peu le problème par une division des textes d'après leurs points de départ, comme ceci: la création du monde; les grands géants; le roi Brut; des dates entre celui-ci et l'Heptarchie; l'Heptarchie et le roi Egbert; des dates après l'Heptarchie. Je n'y ai compris que les textes qui finissent dans la période des rois normands ou plus tard. Ces dates finales varient beaucoup, de 1066 à 1431. Dans les rouleaux la mort d'Edouard I marque souvent la fin, suivie d'une rangée de médaillons où figurent ses enfants, comme par exemple dans le MS Cambridge University Library Dd.III.57. Le MS Cambridge Emmanuel College 232 montre neuf médaillons pour ces enfants - mais en blanc, ce qui a soulevé une discussion compliquée sur la date de ce manuscrit.

Pourquoi, et pour qui, écrivait-on ces histoires? Pour instruire un public laïc, d'abord. L'aristocratie s'intéressait à l'histoire, selon toute évidence; déjà au 12ème siècle nous en avons l'exemple de Constance Fitzgilbert qui lisait dans sa chambre la vie de Henri I, copiée exprès pour elle par Gaimar et qu'elle lui avait payée un marc d'argent. Il y avait sûrement des membres de la noblesse qui commandaient des histoires du genre Brut, pour s'instruire et se divertir. Malheureusement, les preuves d'un mécénat manquent. De nouveau, le *Petit Bruit*, écrit en 1309 par Rauf de Boun pour Henry de Lacy, troisième comte de Lincoln, nous fournit un rare et précieux renseignement à cet égard.[11] Toutefois, malgré le manque de preuves concrètes, on sent une poussée authentique, un désir fervent de faire renaître le passé, pour les grands seigneurs mais aussi pour les petits - pour la partie de la population qui parlait français et voulait s'instruire. Peut-être même, dans une vie incertaine où la mort guettait de toutes parts, on voulait se voir dans une perspective plus large que celle de l'étroite vie personnelle et quotidienne. Il se peut qu'on voulait s'assurer que le passé, ainsi éternisé par écrit, ne pourrait pas tomber dans l'oubli. Quoi qu'il en soit, la véritable manie de copier et de faire copier les Bruts se fait sentir dans chaque feuille de manuscrit.

N'oublions pas non plus que la vogue des récits historiques trouvait son origine dans l'ère des rois normands. C'étaient des aides précieux pour légitimer, pour ainsi dire, la lignée royale. Comme l'a dit Helen Waddell: 'The Normans sat more firmly on the English throne when Geoffrey of Monmouth and Wace traced out their common Trojan ancestry with Arthur and the Britons, with an industry worthy of the College of Arms.'[12] Et ce motif continue: l'éditeur du Egerton Brut estime que le besoin qu'avait Edouard III de faire de la propagande pour ses guerres est une des raisons d'être de ce texte.[13]

Vers la fin du Moyen Age le Brut en prose était une des oeuvres les plus populaires en Angleterre. John Taylor nous dit que 'by the fifteenth century the *Brut* had become the most widely diffused history of the day' et 'over the course of some two centuries the *Brut* was to become the nearest equivalent to a national chronicle written in late medieval England'.[14] La frénésie avec laquelle on le copiait nous a valu de multiples manuscrits dont le nombre définitif n'a pas encore été déterminé. Dans ma liste ils sont actuellement au nombre de 109, mais il est quasiment certain que malgré mon travail assidu elle n'est point complète, tel est le foisonnement de ce texte.

La majorité des manuscrits date du 14ème siècle, et il y en a un bon nombre du 15ème. Mais on le copiait aussi au 13ème, et la composition du premier des deux textes contenus dans Cambridge University Library MS Ee.I.i date de 1192 ou 1193,[15] ce qui en fait un des Bruts les plus anciens, recopié et mis à jour à la fin du 13ème siècle. Le *Petit Bruit*, dont le manuscrit unique date de la fin du 16ème, est le manuscrit le plus récent que j'aie trouvé.

Pour moi, l'intérêt principal du Brut se trouve dans la section proprement historique, c'est à dire le texte à partir de l'Heptarchie et du roi Egbert. C'est aussi ici que les comparaisons entre les manuscrits et la vérification des faits se font le plus facilement et avec le plus d'utilité.

Voilà, et beaucoup trop brièvement, un aperçu du genre. Parlons maintenant des cinq Bruts qui se trouvent dans la collection Parker. Ce sont:

| MS 50 | ff.90r-90v | Egbert à 1216 | deuxième moitié du 13ème siècle |
| MS 53 | ff.180v-184v | Brut à 1399 | 14ème siècle |

MS 98	rouleau de 11.64m.	Brut à 1154	deuxième moitié du 15ème siècle
MS 133	233 ff.	Création à 1362	14ème siècle
MS 469	ff. 178r-180r	Heptarchie à 975	fin 13ème siècle

La seule édition qui existe jusqu'à présent est celle du MS 133, dite la *Scalacronica*, et encore elle ne porte que sur la partie à partir de la Conquête.[16]

Par bonheur, il y a ici une jolie gamme de catégories du Brut: une longue histoire universelle, un rouleau généalogique, et trois textes plus courts qui couvrent des périodes différentes. (Le genre principal qui manque est le rouleau avec, en tête, une représentation circulaire des sept royaumes de l'Heptarchie, dont le texte part soit du roi Brut, soit de l'Heptarchie.)

Encore par bonheur, l'état de préservation des cinq manuscrits est bon. Le MS 98, depuis sa restauration récente, se trouve bien amélioré. Par contre, dans le MS 133 l'ordre des cahiers a été dérangé lors d'une reliure, cet ordre devant être 1-3-4-2, donc les feuillets 13-24 doivent être insérés après le f.48. Il y a aussi une lacune, causée sans doute par des feuillets disparus, entre f.214 et f.220, la période de 1340 à 1355. Toutes les écritures sont facilement lisibles, il n'y a point de déchirures ou de trous, point d'humidité - bref, les textes sont excellents.

Le plus beau est sans doute le MS 53, le Psautier de Peterborough, dont l'enluminure est éblouissante; il faut pourtant préciser que la partie qui donne le Brut n'est pas illuminée. Le plus curieux, c'est le MS 98, avec ses 13 mètres de longueur et ses différentes généalogies. Le plus massif et le plus uniforme, c'est le MS 133. Mais le MS 50 et le MS 469, plus modestes, n'en jouent pas moins leur partie dans le concert des Bruts.

Il n'est pas sans intérêt de comparer le contenu total de ces cinq manuscrits. Les MSS 98 et 133 ne contiennent que le Brut. Le MS 50 contient des feuillets de garde avec des textes juridiques en latin, puis le Brut de Wace sur 83 feuillets, un fabliau (*Romanz de un chivaler e de sa dame e de un clerk*) sur 3, *Amis et Amile* sur 8, *L'estorie des iiii sorurs* sur 1, et *Gui de Warewic* sur 79. Ce sont des textes variés mais tous en français et appartenant à des genres littéraires bien établis. En d'autres mots, c'est un manuscrit contenant des textes français connus et importants.

Dans le MS 53, le *Psautier de Peterborough* occupe 180 feuillets, puis suit notre Brut sur 3, la *Chronique de l'abbaye de Peterborough* sur 3, un *Bestiaire* avec des illuminations tout à fait charmantes sur 21, et pour finir sur le f.210r un petit poème sur la nature transitoire de la gloire de ce monde. Tous les textes, sauf le nôtre, sont en latin. En fait, ce sont deux manuscrits reliés ensemble, le deuxième contenant le *Bestiaire* et le poème. Dans le Brut, il y a deux écritures: la première termine avec le règne d'Edouard I et date du début du 14ème siècle, la deuxième date d'approximativement l'an 1400 et finit le texte. La première main reprend alors la *Chronique* au f.185r, qu'une autre main continue au f.186v.[17] C'est donc un manuscrit contenant des textes latins importants où le Brut, en tant que l'unique texte français, fait exception.

Le MS 469, de la fin du 13ème siècle, est le plus petit et contient, en plus du Brut, un mélange de textes divers latins assez brefs, à l'exception d'un traité moralisant qui occupe 129 feuillets.

Nous pouvons donc constater une belle diversité dans nos cinq manuscrits: un codex contenant un seul texte, un rouleau, un petit codex simple avec un mélange de textes latins, un grand codex illuminé contenant des textes importants latins, et un codex avec d'importants textes français (tout ceci sans tenir compte des notes diverses sur les feuillets de garde du MS 133 et du MS 50).

Pour quel but a-t-on copié ces cinq Bruts? Est-ce que ce sont des travaux faits exprès, pour avoir une belle copie d'une oeuvre qu'on connaissait? Ou était-ce simplement qu'il restait la moitié d'un feuillet que, étant donné la valeur de chaque pièce de vélin, on a tenu à remplir à tout prix? Regardons nos cinq manuscrits sous cet aspect.

Dans le MS 50, le Brut occupe à peu près la moitié de la colonne de droite au f.90r et tout le f.90v. Il est précédé du *Brut* de Wace, le premier texte dans le manuscrit, qui finit immédiatement avant, dans la même colonne où commence le Brut. Au f.91r commence le fabliau. L'écriture du Brut, presque de la même époque que celle du texte précédant, est minuscule et très serrée, tout en brun, sans couleurs. Des capitales ont été prévues, des espaces leur étant ménagés, mais le scribe ou l'enlumineur ne les a jamais exécutées. En bas du f.90v, ayant rempli les deux colonnes, le scribe a ajouté cinq lignes sur toute la largeur de la page, l'utilisant ainsi au maximum. L'aspect du texte est totalement différent de celui de tous les autres textes dans le manuscrit, et la conclusion s'impose qu'on a voulu utiliser l'espace en y mettant un texte qu'on savait populaire. Pourtant notre scribe a été interrompu: il reste un peu d'espace sur la dernière ligne, et quand on considère les derniers mots '[A]pres Iohan fu rei Henri son fiz', on constate que cela n'est probablement pas la fin du texte, car d'habitude les descriptions des règnes finissent avec 'qui regna ... anz e morust e gist a ...' ou, si le roi est encore en vie au moment de finir le manuscrit, on trouve une indication à cet effet. Le manque de capitales aussi indique un travail non fini. De toute façon, il est évident que le Brut fonctionne ici comme remplissage de page, comme utilisation du vélin disponible.

Il en est autrement dans le MS 53 où le Brut est plus important. Ecrit sur cinq feuillets, en deux couleurs et en deux mains, le texte montre des bandeaux à plusieurs couleurs là où les lignes ne sont pas complètement remplies d'écriture. La premiére main, du début du 14ème siècle, est en encre brune; les initiales sont alternativement en or avec décoration grise et en brun avec décoration rouge. La deuxième main, d'environ l'an 1400, plus petite et plus cursive, est en noir, avec des initiales bleues décorées en rouge; elle commence en 1307, avec le règne d'Edouard II, et finit avec le couronnement de Henri IV en 1399. C'est donc un Brut en deux parties, dont la deuxième est ce que Brie appelait la 'deuxième continuation'. Il faut noter que le Brut de la première main commence à l'intérieur d'un cahier, au verso de la fin du Psautier de Peterborough, au f.180v, et qu'il va jusqu'au f.184r. Ce texte a donc été projeté comme partie intégrale du manuscrit. Par contre, la deuxième main commence dans la deuxième colonne du f.184r, à la ligne 23, et remplit le f.184v; le texte de la deuxième main est donc, comme le Brut du MS 50, un remplissage de page. Chose curieuse, la deuxième main écrit les dernières 4½ lignes du texte dans la deuxième colonne du f.184v en surplus sur les 32 lignes dont se compose la colonne de gauche, et en occupant aussi l'espace central qui divise les deux colonnes. Pourquoi? Ce n'est pas un bout de texte supplémentaire, car la phrase de la ligne 32 continue, avec le mot 'solempne/ment' partagé entre les lignes 32 et 33. Cela indique sûrement que le scribe voulait utiliser la page au maximum, sachant qu'il n'y avait plus d'espace après ce feuillet, ce qui confirme ma théorie de remplissage de page.

Dans le MS 469, le Brut se trouve sur quatre feuillets à la fin d'un cahier, précédé d'une chronique latine (basée principalement sur Geoffroi de Monmouth) qui, elle aussi, commence dans un cahier dont le début est occupé par un autre texte. On peut en déduire que les textes ont été copiés l'un après l'autre, et qu'il ne s'agissait pas d'insérer un Brut dans un peu d'espace resté vide. Le Brut finit en bas du f.181r, avec les miracles qui suivent le deuxième enterrement du roi Edgar. Le f.181v est vide, et les ff.182 et 183, qui complètent le cahier, le sont également. Les feuillets vides ont été piqués et réglés. Le fait que le règne d'Edgar ne se termine pas, comme d'habitude, avec le nombre d'années et le lieu d'enterrement, qu'il manque tout le reste des rois saxons et que, par contre, il y a cinq pages préparées mais vides, indique clairement que le travail du scribe a été interrompu. L'écriture est sans aucun ornement, sauf les paragraphes qui sont, plus ou moins alternativement, marqués en rouge et en bleu.

Je souligne ici que l'étude des récits historiques pose un problème spécial aux chercheurs: comme l'histoire est une narration continue sans fin déterminée, il n'est souvent pas possible de savoir si un manuscrit se termine à un certain endroit parce que le scribe est arrivé à la fin de son travail de copiste ou parce qu'il a été interrompu par un événement ou une circonstance extérieure. On doit alors avoir recours aux aspects palaéographiques et codicologiques du texte pour en décider.

Le cas des MSS 98 et 133 est, il est clair, très différent. Les deux ont été faits exprès et selon toute probabilité sur commande. Le MS 98 mérite une étude à lui tout seul, et je me bornerai ici à en relever quelques aspects seulement. Le texte français se trouve à l'intérieur du rouleau, l'extérieur étant occupé par une généalogie latine d'Adam à Henri V. Ayant débuté en médaillons seulement avec Adam et sa progéniture, le rouleau continue avec texte et médaillons pour les rois de la *Historia regum brittaniae*. Arrivé au roi Leir, il donne celui-ci et ses descendants à gauche, à droite 'Athelbright le fiz ayllemonde', c'est à dire le roi Egbert, dans une écriture différente. La chronologie des rois saxons est très confuse. La généalogie des ducs de Normandie est donnée, avec la descendance de Guillaume Longespée et Hugh de Mortemer, de nouveau dans une écriture différente. Elle finit avec le roi Etienne, en 1154.

Le texte du MS 98 paraît plus vaste et détaillé que de coutume. Le travail n'a pas été achevé: les initiales manquent, bien que des espaces leur aient été ménagés, et on a l'impression qu'il y a de l'espace prévu pour des lignées ou des textes qui n'ont jamais été incorporés. Par contre, il y a des additions dans la marge, à peine visibles et faites on ne sait à quelle époque et à propos de qui ou de quoi. Dans l'ensemble, c'est un manuscrit difficile à évaluer. Commencé avec un but précis, le travail semble avoir dégénéré pour se perdre dans la masse de personnes et de lignées à décrire et aboutir à un texte confus et des généalogies ajoutées à l'intention de familles qui n'avaient peut-être rien à voir avec l'intention qui était à l'origine du manuscrit.

Pour ce qui est du MS 133, la *Scalacronica*, je laisse au Professeur Thiolier le soin de vous en parler en détail. Il a été écrit d'un trait, c'est du travail achevé. Il finit avec la mort de Henri III en ces mots: '...de qi alme Dieu eit merci, amen', ce qui indique que c'est bel et bien une fin prévue et non un arrêt inattendu. Avec ses 233 feuillets, c'est le plus long, de loin, de nos cinq textes. On sait par qui et pour quelle raison il a été écrit: Sir Thomas Gray of Heton l'a rédigé lors de son emprisonnement au château d'Edimbourg, de 1355-57, pour passer le temps et pour s'instruire. C'est un des rares Bruts qui commencent avec la création du monde. Tous ces aspects le séparent des quatre autres Bruts dans la collection Parker.

On a cru longtemps que le MS 133 était le manuscrit unique de ce texte. Pourtant le MS 58 de Jesus College, Cambridge nous donne un texte, intitulé *Scalacronica* dans le catalogue, dont le début manque mais qui commence avec le voyage du roi Brut et finit avec la mort de Henri III. Il y a beaucoup de ressemblances entre les deux textes; les détails du voyage de Brut correspondent de si près au texte du MS 133 qu'on doit conclure que c'est là la même récit. Par contre, la description de la Conquête est très différente, et il faudrait faire une comparaison soigneuse pour savoir où l'on en est sur la question d'un modèle en commun. De toute façon il y a des différences frappantes entre le MS 133 et les autres Bruts: le meurtre d'Edouard le Martyr, par exemple, ici s'accomplit sans témoins et en secret, tandis que dans la version habituelle le roi, ayant été blessé mortellement, se tourne vers les assistants pour leur montrer ses plaies et les prendre à témoin.[18] La *Scalacronica* est certainement le moins traditionnel de nos cinq manuscrits.

Les dates de nos manuscrits s'étendent de la fin du 13ème siècle (MS 50) à la fin du 15ème (MS 98).

Le fait de leur survie se doit peut-être à leur provenance: le MS 133 a fait partie d'une collection privée, il est fort possible qu'il en est de même pour le MS 98, tandis que le MS 50 et le MS 53 proviennent respectivement de Saint-Augustin à Cantorbéry et de l'abbaye de Peterborough, donc de centres religieux bien établis. Nous ignorons la provenance du MS 469 et il est sans doute dû à un heureux hasard qu'un manuscrit si modeste en apparence, si anonyme si l'on peut dire, et dont le contenu prétend à si peu, ait survécu jusqu'à nos jours.

Je passe maintenant à la comparaison de quelques détails dans les textes. Le MS 133 étant l'objet de la communication du Professeur Thiolier et le MS 98 méritant une étude à lui tout seul, je me bornerai donc ici à comparer quelques aspects des trois autres manuscrits. Je vous rappelle que le MS 50 et le MS 469 commencent avec le roi Egbert et l'Heptarchie respectivement, pendant que le MS 53 donne un texte à partir du roi Brut. Nous allons regarder la série des rois à partir d'Egbert et son authenticité, et la description de certains événements.

Les généalogies des rois depuis l'accession au trône d'Egbert en 802 sont exactes dans la plupart des manuscrits du Brut que j'ai examinés. Je ne peux citer que le MS Bodley Top Devon d.5 (où manquent Ethelred Unraed et Edmund Ironside) et le *Petit Bruit*, MS British Library Harley 902, dont la chronologie est franchement absurde, qui font défaut.[19] Il est donc étonnant de découvrir que, parmi les trois manuscrits Parker en question, il en est un qui contient une lacune: dans le MS 469 Ethelbald, le fils aîné d'Ethelwulf, manque. Il est vrai qu'il y a confusion à l'égard des deux fils aînés d'Ethelwulf dans les autres textes aussi: parfois on nous dit qu'ils se partageaient le règne, que l'aîné ne vécut que quelques mois après la mort du père et le second seulement cinq ans - ceci par exemple dans notre MS 53 et dans Cambridge University Library MS Ee.I.i. Le MS 469, ayant noté la mort d'Ethelwulf, dit: 'Pus regnat Aetelbrik sun fiz sur tut le regne mes ne durat ke .v. anz', ce qui est la formule habituelle qui suit la mort du fils aîné Ethelbald. Devant *Pus*, où normalement on trouverait le signe indiquant un nouveau paragraphe, il y a un espace vide, mais la structure de la phrase ne nous permet pas de conjecturer que le scribe ait sauté une ligne ou quelques mots. Il est plus probable que son modèle était déjà fautif. Je ne propose nullement d'entrer ici en la matière archi-complexe des modèles et des sources; il faudrait pour les étudier une armée de chercheurs munie de toute la technologie moderne. Je signale donc simplement cette divergence importante dans un de nos trois textes.

En ce qui concerne la description d'événements spéciaux, ce sont l'Heptarchie et la Conquête qui méritent notre attention en premier lieu. La description des différents royaumes de l'Heptarchie forme normalement le début des Bruts qui commencent avec l'Heptarchie, précédée très souvent dans les rouleaux par une représentation circulaire et diagrammatique de la division du pays. Le texte commence alors par une phrase comme: 'Jadis en cel tens as Engleis soleit Engletere estre en cinc parties e a cinc reis', c'est à dire Kent, Wessex, Mercia, Northumberland et East Anglia. Suit la description des parties constituantes de chaque royaume, y compris les évêchés. Puis vient l'histoire d'Egbert, fils d'Eahlmund, roi subordonné de Kent. Cet Egbert était 'prodhomme mult en Deu e al secle'; par conséquent Beorhtric, roi de Wessex, le poursuit par jalousie, Egbert s'enfuit en France et demeure à la cour de Charlemagne jusqu'à 802. Revenant en Angleterre, il en conquiert progressivement tous les royaumes, devenant ainsi le premier roi d'une Angleterre unie.

Dans le MS 50 le début de ce récit manque. Le texte commence avec la description du territoire du roi d'Estengle, puis celui du roi de Northumberland. Il manque donc Kent, Wessex et Mercia, le scribe étant entré au beau milieu du texte, soit par mégarde, soit parce que son modèle le faisait.

Le MS 53, je vous le rappelle, commence avec Brut, mais ne prend qu'un peu plus d'une colonne d'écriture pour arriver à l'Heptarchie: 'Apres ce fu par grand tens Engletere parti a .v. reis'. Ils sont tous là, ces rois, avec la description de leurs royaumes. Puis vient Egbert, 'pruz e vailant', qui subjugue tout le pays - mais tandis que dans le MS 50 il le fait en 28 ans, il lui en faut seulement 24 dans le MS 53.

Le MS 469 commence correctement, si l'on peut dire, avec 'Jadis al tens as engleis soleyt Engletere estre departi a .v. parties et a .v. reis'. Suit la description des cinq royaumes, puis 'vint endreit Aeilbricht ke Bede apele Ecgbricht li fiz Alhmund, produmme mut en Deu e el siecle'. C'est la seule fois qu'un des textes mentionne le nom de Bede en tant que source, un fait bien reconnu par les historiens d'aujourd'hui mais rarement mentionné dans les textes. Egbert met de nouveau 28 ans pour conquérir l'Angleterre.

Les textes du MS 50 et du MS 469 sont légèrement plus proches l'un de l'autre, et appartiennent, à mon avis, à la famille des rouleaux qui commencent avec le cercle diagrammatique. C'est dans cette catégorie qu'on trouve d'habitude la phrase 'Jadis soleit Engletere estre divise en .v. parties et a .v. reis' tandis que les textes qui commencent avant l'Heptarchie et n'ont pas le médaillon diagrammatique débutent par une phrase plus générale, comme le 'Apres ce' du MS 53.

Il importe de noter pourtant la relation étroite entre les trois textes. La description de la guerre générale entre les cinq rois contient souvent la phrase 'si s'entreguererent sovent, e l'un tolit a l'autre de sa tere, le plus fort a le plus feble, li uns une fie, li autre autre fie, solum aventure'. Mis à part de minuscules différences, cette phrase paraît dans les trois manuscrits, ce qui nous permet de songer, au moins, qu'ils pourraient provenir d'un ancêtre commun.

Passons maintenant à la Conquête. Tout en me concentrant toujours sur nos trois manuscrits en question, je ne veux pas me priver du plaisir de vous citer le début de la section portant sur la Conquête dans le MS 133: 'L'an de grace mille 66 arryva le conquerour Willam en Engleter; ou primer pee q'il y mist il chey a tere, de quoi sez overtours de visage et sez mains furount plains de tere, qi disoit qe sa duché se tourneroit en regne'.[20] Je n'ai trouvé ce détail nulle part ailleurs dans les Bruts.

Le MS 50 donne de la Conquête une image bien plate: 'Apres Edward fu rei Harald fiz le cunte Godwine; cil tint le regne .ix. meis, dunkes vint Willem Bastard, si li toli le regne e la vie e gist a Waltham. Willeame regna .xx. ans si morut e gist a Cham en Normandie.' Le MS 53 donne presque textuellement la même chose: 'Apres lui Haroud le fiz Godwine; cil out le regne .ix. meis si vint Willeme le Bastard et li tolit[21] le regne e la vie si git a Waltham. Si

114

regna Willeme le Bastard .xx. anz e morut e git a Cham en Normandie.'

Comme je l'ai déjà signalé, le MS 469 s'arrête au règne d'Edgar et il y manque par conséquent une description de la Conquête. Pour combler cette lacune j'ai cherché dans d'autres manuscrits, afin de fournir une comparaison. British Library MS Cotton Caligula A III et Bodley MS Laud Misc.636 donnent une phrase presque identique. Oxford All Souls College MS 39 donne la même phrase mais y ajoute des détails: 'dunc vint William Bastard et ly tolist la regne e la vie en bataille e puys fust amene a Waltham al Abbeye q'il funda e la fut a grant honur ensevely'; le règne de Guillaume est décrit en plus de détail également. Le texte du manuscrit Cambridge University Library Ee.I.i présente deux Bruts consécutifs en un seul récit, le premier datant du 12ème siècle, le deuxième de la fin du 13ème ou début du 14ème.[22] La Conquête est décrite de façon toute différente dans le premier récit (11.146-52); dans le deuxième, par contre, qui est un texte du genre 'Jadis a cel tens as Engleis soleit Engletere ...', nous trouvons de nouveau '... e vint Willame Bastard e li toli le regne e la vie e gist a Wetheham. Scist Willame regnat duze anz, e gist a Cham en Normandie.' (11.376-7)

Il existe donc la possibilité d'un ancêtre en commun pour les MSS 50, 53, probablement le MS 469, et British Library Cotton Caligula A III, Bodley Laud Misc. 636 et Cambridge University Library Ee.I.i deuxième récit.

Afin d'approfondir cette comparaison d'événements particuliers, j'ai choisi l'épisode de la mort d'Eadric Streona, *ealdorman* de Mercia, un noble de caractère traître et de foi douteuse, qui, ayant passé d'un parti à l'autre entre les Danois et les Anglais, finit par être tué par le roi Knut qui craignait ses machinations politiques. La mort d'Edmund Ironside lui est en général attribuée. C'est sur ce point que, dans les Bruts, il aborde le roi Knut 'en un haut soler sur Tamese a Lundres' (MS 50) en lui reprochant 'amiablement' que c'était pour lui, Knut, qu'il avait 'gerpi mun seinur', c'est à dire Edmund Ironside. Mais Knut se fâche, lui dit qu'il avait à tort fait tuer son seigneur naturel, lui fait lier pieds et poings 'sanz noise' et le fait jeter par la fenêtre dans le fleuve: 'Ileke peri le cors et l'alme ala hu ele avoit deservie.'[23] Le MS 53 parle de 'seignur lige' et il y a d'autres variantes mais la description est très près de celle du MS 50.

Le 'sanz noise' n'y est pas; le passage se termine par 'Ilok perit cors e alme e ala a cent cinkuante diables.'

Elargissons de nouveau le terrain en considérant d'autres manuscrits. Nous constatons que Knut, en se fâchant, dit à Eadric qu'il a mal fait de parler: 'Mar i parlastes', ce qui se trouve aux MSS 50, 53, Bodley Laud Misc. 636, British Library Cotton Caligula A III, Cambridge University Library Ee.I.i deuxième chronique, et Oxford All Souls College 39. (Le MS de La Haye donne une variante: 'Tu as parlé encontre ton chief'.) La description du lieu 'en un haut soler sur Tamese a Lundres' se trouve aussi de façon identique dans ces cinq manuscrits. C'est donc qu'on a fidèlement noté et copié les mots exacts du roi, et il en est de même pour la description du lieu.

Il faut noter que ce sont là des faits concrets, ce qui n'est pas le cas pour le sort de l'âme d'Eadric où il s'agit donc d'une interprétation subjective de la part de l'auteur ou du scribe - et c'est là encore une question dans laquelle je ne vais pas m'aventurer - et il est intéressant de constater que c'est effectivement sur ce point que les narrations sont légèrement différentes. Elles sont au nombre de quatre, reparties comme suit:
l'alme ala hu ele avoit deservie - CCCC 50, Bodley Top Devon d.5, All Souls 39
l'alme e ala a cent cinkuante diables - CCCC 53, Bodley Laud Misc. 636
le alme alat a debles - CUL Ee.I.i, BL Cotton Caligula A III
e issi peri le cunte (sans mention de l'âme ou du corps) - Coll. Arms 20/26, Hague 75 A 2/2.
(Notre MS 133 est très différent ici: On rend le traître aveugle et le jette à la rivière; il n'y a aucune mention ni de bras liés ni du corps qui périt ni du sort de l'âme.) Nous constatons donc la ressemblance très étroite des manuscrits en même temps que les variantes.

Pour terminer, examinons le meurtre du roi Edmund I par le proscrit Leofa. Nous allons regarder trois détails dans le récit. L'assassinat eut lieu lors d'une fête à Cantorbéry, selon nos trois manuscrits, mais en réalité Edmund fut tué à Pucklechurch dans le Gloucestershire. L'erreur dans les manuscrits peut s'expliquer par le fait que le roi célébra, à Pucklechurch, la fête de Saint-Augustin de Cantorbéry. Au cours de la fête, le roi aperçoit, caché parmi les participants, un voleur proscrit. Au lieu d'en signaler la présence à ses fidèles, il lui saute dessus lui-même en le prenant par 'les temples' dans le MS 53 et le MS 469, tandis que le MS 50 dit simplement: 'si le prent si le rue al tere'. Alors l'assassin sort une miséricorde qu'il plonge dans la poitrine du roi et les assistants le saisissent pour le tuer sur le champ, 'mes ainz navera il plusurs' (MS 469) - 'mes eins naufra plusurs' (MS 50) - 'mes il navra plusurs' (MS 53).

Est-ce que ces trois détails, c'est à savoir le lieu du meurtre, le fait que le roi lui-même s'empare du coupable, et la mention d'autres blessés, se trouvent dans d'autres manuscrits? Effectivement, BL Cotton Caligula A III, Bodley Laud Misc. 636, CUL Ee.I.i et la Haye tous donnent ces versions. All Souls 39 en fait de même mais omet le détail des 'temples' et s'allie donc plus étroitement au CCCC 50; il faut pourtant reconnaître que c'est là le détail le moins important, les données concrètes sur le lieu, la capture de l'assassin et les autres blessés ayant été notées par tous les scribes. Comme c'était le cas pour l'épisode d'Eadric Streona, l'essentiel est donc là et les variantes portent sur des aspects moins concrets ou moins importants.

Un autre aspect qui vaut la peine d'un examen détaillé se trouve dans la longueur des sections qui se rapportent à chaque roi. Je ne peux ici qu'en effleurer la surface. En général dans les Bruts les sections deviennent plus courtes et schématiques à mesure que le récit avance. Les descriptions des règnes des rois légendaires sont, relativement parlant, beaucoup plus longues que celles des rois à partir de l'Heptarchie, et pour ceux après la Conquête on ne trouve souvent qu'une mention tout à fait sommaire. En ce qui concerne les rois à partir de l'Heptarchie, ce sont les règnes d'Egbert à Knut qui ont, paraît-il, le plus intéressé nos auteurs. Dans nos trois manuscrits les rois importants, c'est à dire Ethelred, Alfred, Athelstan, Edgar et Knut, ont le plus de place (Knut ne figure pas dans le MS 469, qui se termine avec Edgar). Dans le MS 50, à partir de Harold Harefoot le texte ne marque que les noms des rois, la durée de leurs règnes, leurs morts et leurs lieux d'enterrement, à l'exception de Richard I où il mentionne la participation du roi à la troisième croisade. Je vous rappelle que ce manuscrit s'arrête à Henri III. Dans le MS 53, les mentions sommaires vont de Harold Harefoot jusqu'à Henri I; ensuite ils deviennent plus importants pour Henri II, les trois Edouards et Richard II, pour terminer avec le couronnement de Henri IV.

117

Comment en est-il dans d'autres manuscrits? Bodley Laud Misc. 636, par exemple, donne des élaborations pour deux règnes: dans celui de Henri II on mentionne le martyre de Thomas Becket, tandis que la section sur Henri III fournit des détails sur Simon de Montfort. All Souls 39 donne des mentions courtes pour Harold Harefoot, Hardeknut et Harold Godwinson, mais des descriptions plus détaillées pour Edouard le Confesseur et pour tous les rois à partir de Guillaume le Conquérant jusqu'à la fin du texte au début du règne d'Edouard I.

Et voilà un trait très caractéristique des Bruts: les scribes (ou les auteurs) ajoutent des détails quand le coeur leur en dit et, bien que le modèle de base se ressemble de très près d'un texte à l'autre, il n'y a pas deux récits qui soient tout à fait pareils. Les élaborations, quand ils existent, portent toujours sur des aspects importants d'un règne, comme par exemple le martyre de Thomas Becket. Nos trois manuscrits sont entièrement typiques du genre.

En terminant cette communication, je voudrais souligner que le travail critique sur les Bruts n'a été qu'à peine abordé. Comme je l'ai déjà signalé, il doit y avoir des manuscrits dont nous ne soupçonnons point l'existence. La question des sources est véritablement 'la mer à boire' et on n'en verra peut-être jamais la fin. Une comparaison des manuscrits, la mise sur pied d'une catégorisation des textes, l'étude des illuminations et des écritures, tout cela reste à faire. Et ce n'est peut-être même pas la peine de s'épuiser à essayer de faire l'impossible. Quant à moi, il me suffit d'étudier les manuscrits qui me sont accessibles, de relire les textes, de rédiger de petits travaux sur quelques aspects de ce vaste corpus d'historiographie, et de me sentir un tout petit peu utile, ayant labouré de mon mieux pour que le travail de ces scribes et de ces auteurs, de ces pionniers en la matière de l'historiographie en prose française, en soit un peu mieux connu et apprécié.

Diana B. Tyson,
University College London.

NOTES

1.   Matilda, qui épousa Henri I et Matilda, femme d'Etienne.

2.   Heureusement, Ruth J.Dean m'a permis d'utiliser les notes qu'elle en fit il y a quelque temps.

3.   Voir, par exemple, Sutton, A.F. et Visser-Fuchs, L. 'Richard III's Books: Ancestry and True Nobility' dans *The Ricardian* IX no. 119 (décembre 1992), pp. 343-58.

4.   Tyson, D.B. 'An Early French Prose History of the Kings of England' dans *Romania* 96 (1975), pp. 1-26. Hardy, T.D. *Descriptive Catalogue of Materials Relating to the History of Great Britain and Ireland, to the End of the reign of Henry VII*, RS, Londres, 1862-71, II, p. 45 no. 69, donne comme titre *Leges Willelmi Conquaestoris*, ce qui est plutôt trompeur. Vising, J. *Anglo-Norman Language and Literature*, Londres, 1923, p. 69 no. 332 l'intitule *Willelmi Articuli*.

5.   MS Phillipps 32043/32105. Voir H.P. Kraus catalogue no. 153, New York, 1979, p. 35 no. 30, et British Library R.P.1517(1).

6.   Brie, F.W.D. *Geschichte und Quellen der mittel-englischen Prosachronik 'The Brut of England' oder 'The Chronicles of England'*, Marburg, 1905. Wright, T. *Feudal Manuals of English History*, Londres, 1872. Glover, J. *Le Livere de Reis de Brittanie e Le Livere de Reis de Engleterre*, RS, Londres, 1865. Vising *op. cit.*, pp. 74-5.

7.   Foltys, C. *Kritische Ausgabe der anglonormannischen Chroniken: Brutus, Li rei de Engleterre, Le livere de reis de Engleterre*, Berlin, 1962.

8.   Matheson, L.M. 'Printer and Scribe: Caxton, the Polychronicon and the Brut' dans *Speculum* 60 (1985), pp. 593-614. Monroe, W.H. 'Thirteenth and early fourteeenth century illustrated genealogical manuscripts in roll and codex: Peter of Poitiers' *Compendium*, universal histories and chronicles of the kings of England', thèse de doctorat, Université de Londres/Courtauld Institute of Arts, 1990, 3 t. Taylor, J. *English historical literature in the fourteenth century*, Oxford, 1987, chapitre 6.

9.   Gransden, A. *Historical writing in England* II, Londres, 1982, p. 73.

10.   Tyson, D.B. *Rauf de Boun, le petit Bruit* Anglo Norman Text Society, Plain Texts Series 4, Londres, 1987.

11.   Au sujet du mécénat des historiographes en vieux français, voir Tyson, D.B. 'Patronage of French Vernacular History Writers in the Twelfth and Thirteenth Centuries' dans *Romania* 100, (1979), pp. 180-222, et Tyson, D.B. 'French Vernacular History Writers and their Patrons in the Fourteenth Century' dans *Medievalia et Humanistica*, New Series 14 (1986), pp. 103-24.

12.   Waddell, H. *The Wandering Scholars,* 7me éd., Londres/New York, 1968, p. xiv.

13.   MS British Library Egerton 3028. Voir Underwood, V.P. 'An Anglo-Norman Metrical *Brut* of the Fourteenth Century', thèse de doctorat, Université de Londres, 1937,p. 76: 'this version of the Brut was intended to play a part in Edward III's war propaganda'.

14.   Taylor, *op. cit.,* pp. 110, 113.

15.   Voir Tyson, 'Early French Prose History', p. 5.

16.   Sir Thomas Gray of Heton *Scalacronica*, édition partielle de Stevenson, J., Maitland Club, Edimbourg, 1836. Voir aussi Meneghetti, M.L. *I fatti di Bretagna,* Padoue, 1979, qui donne des transcriptions des ff.72v-73v et 84v-86r, pp. 49-51, 67-71.

17.   James était d'avis que la deuxième main de ce Brut était celle qui reprend la *Chronique* au f.186v; ayant scruté les deux écritures je n'en suis pas tout à fait convaincue. Voir James, M.R.J. *A Descriptive Catalogue of the Manuscripts in the Library of Corpus Christi College Cambridge*, Cambridge, 1912, I, p. 106.

18.   Ce détail est donné aussi, par exemple, dans le MS Bodley Add. E.14.

19.   Voir Tyson, D.B. 'Problem People in the *Petit Bruit* by Rauf de Boun' dans *Journal of Medieval History* 16, 1990, pp. 351-361.

20.   Stevenson, *op. cit.* p. 5, MS f.141r.

21.   MS *tosit.*

22.   Tyson 'Early French Prose History', pp. 2-3.

23.   *Dictionary of National Biography* VI, Oxford, 1921-22, p. 418 diffère de cette version, en déclarant qu'Eadric était tué non pas à cette occasion mais plus tard, et que son cadavre fut simplement jeté par-dessus les murs de la ville.

LA *SCALACRONICA*: PREMIÈRE APPROCHE
(MS 133)

'Première approche' parce que cette chronique est peu connue et nécessitera beaucoup de travail avant d'être reconnue pour ce qu'elle est, c'est-à-dire pour l'œuvre d'un historien intelligent et bien informé, comme l'ont pressenti B. Guenée et J. Taylor.[1] Elle n'a pas encore été intégrée à ce jour au *Manuel bibliographique* de R. Bossuat ni au *Dictionnaire des Lettres françaises* du C[al.] Grente, mais elle figure dans le *Repertorium Fontium Historiae Medii Aevi* d'A. Potthast.[2]

Il s'agit d'un texte en prose anglo-normande rédigé par un chevalier anglais du Northumberland, Thomas de Gray, qui s'étant trouvé prisonnier des Ecossais dans le château d'Edimbourg[3] en 1355 a trouvé ce moyen de s'occuper. Après sa libération en 1357 il a continué à travailler menant sa chronique au moins jusqu'à 1362, date du dernier événement mentionné dans le manuscrit Corpus Christi College 133. Employant la troisième personne comme César et un style un peu lapidaire, un peu stéréotypé, très influencé par le latin, il a voulu raconter les exploits de son père déjà prénommé Thomas qui s'était battu au service d'Edouard Ier, Edouard II et Edouard III, et ses propres exploits, lui-même s'étant battu aussi sous Edouard III. C'est sans doute une habileté si, malgré leur qualité, ces exploits sont fondus, voire noyés, dans un ensemble très vaste. La *Scalacronica* est en effet une chronique universelle. Dans son introduction, parmi ses sources, l'auteur a cité des chroniques universelles, et notamment celle de Marianus Scotus, c'est-à-dire en fait son adaptation anglaise par Jean de Worcester telle que la décrit Martin Brett.[4] Il part donc de la création du monde pour arriver jusqu'à l'année 1362 après avoir traité l'Histoire Sainte, l'histoire des Troyens, l'histoire grecque, l'histoire romaine, l'histoire de Brutus, petit-fils d'Enée qui conquit la Grande Bretagne, l'histoire des Bretons, des Saxons, de l'Angleterre normande, mais presque autant celle de l'Ecosse, et aussi après chaque règne anglais, les événements correspondants de Rome, du Saint-Empire, de France et d'Espagne.[5] Gray n'a aucune difficulté pour passer d'une nation à une autre. Ainsi, par exemple, il décide de 'lesser la proliuxste [sic] matier dez Hebreus et Perciens et pursivre en chef la processe du ligne Eneas fitz Anchises, extrait du ligne Ismael fitz Abraham'.[6] Tout se tient ... d'une façon ou d'une autre.

A l'heure actuelle, la *Scalacronica* n'est connue que par une édition partielle publiée par Joseph Stevenson en 1836 pour les seuls 75 membres d'une société savante d'Edimbourg:

Scalacronica by Sir Thomas Gray of Heton, knight. *A Chronicle of England and Scotland from A. D. MLXVI to A. D. MCCCLXII now first printed from the unique manuscript with an introduction and notes.* Edinburgh. Printed for the Maitland Club. MDCCCXXXVI.

Il faut attendre 1907 pour que Herbert Maxwell publie à Glasgow à 290 exemplaires une traduction des règnes d'Edouard I, II et III racontés par Thomas de Gray. Cette traduction est dédiée à Sir Thomas Grey of Falloden, l'un des descendants du chroniqueur.[7]

En 1979 Maria Luisa Meneghetti a la bonne idée de publier des morceaux choisis anglo-normands de littérature arthurienne en suivant la chronologie fixée par Geoffroy de Monmouth; elle édite ainsi trois extraits de la *Scalacronica* et notamment les lignes où Gray explique pourquoi Arthur a dû exister malgré le silence de Bede, de l'*Historia Aurea* et du *Polychronicon*[8].

Les historiens ont régulièrement consulté le MS de Corpus Christi où figure la *Scalacronica*, comme l'ont démontré J. Stevenson[9] et K.V. Sinclair[10] en relevant systématiquement leurs noms. Les historiens récents, tels May Mc Kisack, G.W.S. Barrow, M. Prestwich, font souvent référence à la *Scalacronica* . Mais depuis l'édition partielle de J. Stevenson en 1836 aucun travail de longue haleine n'a été mené sur le texte.

Le nombre des MSS de la *Scalacronica* n'a pas encore été fixé de façon définitive. Dans son *Anglo-Norman Literature and its background*,[11] M.D. Legge parle d'un MS unique, Corpus Christi College 133. Mais en 1923, dans son *Anglo-Norman Language and Literature*,[12] Johan Vising citait deux MSS: C.C.C. 133 et aussi Jesus College Q.G. 10, soit 58 selon une autre numérotation, et en 1965 K.V. Sinclair cite Harley 902 en plus des deux autres.[13]

Pour ce qui est de Jesus College Q.G. 10, K.V. Sinclair précise d'emblée que son texte s'arrête à la mort d'Henri III

Plantagenêt. Cette interruption ne saurait à elle seule empêcher une parenté avec C.C.C. 133, non plus que le contenu du règne d'Henri III dans les deux mss. de C.C.C. et Jesus College. Une étudiante de Paris XII, Mme Liliane Bertrand-Lefebvre, les a collationnés systématiquement pour cette période et n'a pas trouvé de divergences suffisantes pour supposer deux chroniques différentes. Mais N. Wilkins et Ph. Ménard, qui avaient peut-être recueilli les conclusions de D. Tyson, m'ont engagé à remonter au-delà du règne d'Henri III, et je me suis rendu compte que Jesus College 58 est simplement le énième manuscrit porteur du Brut d'Engleterre. La collation d'un autre manuscrit de ce texte, le Londres, B.L., Royal, 20. A. III. m'amène à l'idée que Thomas de Gray a presque recopié le *Brut d'Engleterre* pour le règne d'Henri III. J. Stevenson a été surpris par la brièveté du texte de Thomas de Gray à cet endroit de sa chronique (dix pages pour un demi siècle) et cite le *Polychronicon* comme sa source principale,[14] alors que la brièveté est souvent la caractéristique essentielle du *Brut d'Engleterre*. Pourtant, dans son introduction, Th. de Gray indique le *Brut of England*, traduction en anglais du *Brut d'Engleterre* comme l'une de ses sources,[15] et nous savons que ce *Brut d'Engleterre* (lui-même inspiré de la rédaction I de Langtoft) a aussi servi de base à Gray pour le règne d'Edouard Ier.

Le seul point commun entre C.C.C. 133 et Jesus College 58, est probablement leur commune origine septentrionale. Ainsi, au f. 13v., Jesus College 58 porte le nom et la signature de Richard Saint-George qui fut créé 'Norrey King of Arms' en 1604 et qui en cette qualité visita les comtés du Nord entre 1611 et 1615.[16] La confusion provient surtout, semble-t-il, de M.R. James qui dans son catalogue indique la Scalacronica comme titre principal du manuscrit Jesus College 58.[17]

En revanche, le MS B.L. Harley 902 a été légitimement mentionné par K.V. Sinclair. Ce MS est surtout connu du fait du *Petit Bruit* qui couvre ses folios 1 à 11v et que D. Tyson a victorieusement édité malgré de grandes difficultés d'ordre graphique,[18] mais il contient, d'après le catalogue, 56 autres textes de portée historique et parmi ces textes figurent des extraits de la *Scalacronica*.[19] Les écritures sont variées, mais il semble bien que la plupart datent du XVIe siècle. J'ai choisi de lire les folios 70v et 71r qui portent la liste des compagnons de Guillaume le Conquérant. C'est exactement la même que dans le MS de Corpus Christi et il y a lieu de penser qu'il a servi de modèle. J. Stevenson[20] évoque un manuscrit Harley dans lequel Nicolas Wotton, contemporain de Henri VIII, Edouard VI, Marie et Elisabeth Tudor, transcrivit des extraits de la *Scalacronica*. Il s'agit probablement de Harley 902.

Le MS 133 a donc de bonnes chances d'être un manuscrit du Nord de l'Angleterre. Le passage concernant la révolte de Llewelyn prince de Galles contre Edouard Ier mentionne plusieurs fois le Snowdon et les graphies qui apparaissent sont en *a* (*Snawdoun* ou *Snaudon*), traduisant le traitement en [au] de la séquence vieil-anglaise [a+w], traitement du nord du Humber qui s'oppose à celui du sud du Humber en [ou]. Pour mémoire rappelons les alternances moyen-anglaises *blawen* / *blowen* pour to blow 'souffler', *saul* / *soule* pour l''âme', alternances qui vont de pair avec l'alternance [a:] / [ø:], par exemple *stane* / *stone*.[21]

Autre indice dialectal. Dans les noms de lieu à second élément *-bury* [be'ri] et notamment dans *Cantorbirs* l'ancien [y] de l'étymon anglo-saxon *byrgan* est traité très majoritairement en [i], traitement du Nord ou des Midlands-Est en principe, par opposition au traitement [e] du Sud-Est et au maintien de [y] dans les Midlands-Ouest et le Sud-Ouest.[22] On trouve aussi *Salisbirs, Glastingbirs, Malmesbires* etc.[23]

Le meurtre de Thomas Becket dans la *Scalacronica* .

Depuis l'époque du meurtre de Thomas Becket, il a toujours existé une tradition qui innocente plus ou moins Henri II. Le texte latin de Grim, témoin direct, la lettre d'Arnulf, évêque de Lisieux, envoyée au pape en 1171, accordent au moins le bénéfice du doute à Henri II. Les fragments qui subsistent de la première rédaction de Garnier de Pont-Sainte-Maxence, découverts par Francis Wormald et scrupuleusement édités par Ian Short,[24] innocentent complètement et très explicitement le roi d'Angleterre: ayant appris le départ des quatre chevaliers, il aurait envoyé des hommes à leur poursuite pour qu'ils rebroussent chemin; son projet personnel aurait été seulement d'emprisonner Becket.

Sur le continent, l'iconographie des XIIe et XIIIe siècles nous a plutôt habitués à l'idée de la culpabilité de Henri II. Ansi dans la verrière de la cathédrale de Chartres, celui-ci, qui est inspiré par un diable, se dispute violemment avec l'archevêque qui est ensuite attendu par une véritable embuscade à Cantorbéry.[25] Les nombreux reliquaires limousins portent comme image principale le meurtre devant un autel et n'inclinent pas à l'indulgence.[26]

En Angleterre et au XIVe siècle, Pierre de Langtoft semble aussi avoir une vision très royaliste de la mort de Thomas Becket. Dans son livre II, f. 100v du ms. Cotton, Julius A.V., il dit en effet au lecteur:

...Les causes vus ay dit, vus les devez saver
Pur qai le ray Henri fist Thomas exyller.
Al ray ne devez pas sa mort cretter.
Nent plus, dist le ray a sun chuvaler:
'Ay jo nule gent ke me pount venger
Sur un tel clergoun ke fu moun chaunceler?'
Quatre chuvalers *saunz plus comaunder*
Sunt alez en l'eglyse saynt Thomas tuer.

Dans la laisse suivante, Langtoft se défausse en renvoyant à un texte autre que le sien, mais qui est tout entier consacré à Becket.

Ki volt saver coment saint Thomas vesqit,
Coment le ray de Fraunce honurer ly fist,
Coment le apostoylle par bulle ly traunsmist
Legat en Engleterre, coment se entremyst,
Coment a Pountyné le aungel a ly dist,
Coment sun lynage hors de terre fuist,
Coment l'apostoyle le payne a cels purvyst
Pur quels en sainte eglise playe et mort suffryst
Saunz agarde de court, coment il parfist
Par sa passioun ke pur Deu emprist,
Et coment Deu pur ly ovre ou il gist,
Regarde sun lyvre ke n'est pas petyt
Et la verité trovera tut escryt.

Ce livre qui 'n'est pas petit' et où l'on 'trouvera la vérité' n'est certainement pas la rédaction définitive et très cléricale de Garnier de Pont-Sainte-Maxence. Il s'agit plutôt de la vie de saint Thomas composée par Beneit, moine de Saint-Albans vers 1184. En effet, seule avec la *Thómas Saga* islandaise cette vie place à Pontigny, et non point à l'abbaye de Sainte-Colombe, le miracle de l'ange annonçant à Thomas son prochain martyre.[27] Or ce texte de Beneit est notoirement favorable à Henri II, comme Emmanuel Walberg[28] et

125

Jean-Guy Gouttebroze[29] l'ont démontré. Le roi 's'est peut-être laissé emporter par la colère, mais jamais il n'a donné l'ordre de tuer Becket':

De lui mal fere plus ne dist
Ne commandement a nul ne fist
Ne haut ne bas.
Mes s'il par ire rien mesprist,
Merci li face Jhesu Christ
E seint Thomas.

Mais par la suite Thomas de Gray se montre encore plus indulgent que Beneit et Langtoft réunis. Tout se passe comme s'il s'était donné pour mission de laver définitivement la royauté de tout soupçon:

F. 155v, col.b

...Thomas de Cantorbirs fust martrizé en cel temps *et noun pas au gree le roy*, mes ja le mainz graunt vengeaunce ly en fuyt procheignement, qe sez fitz propres ly guerroierent.

Lez ministres le roy ly vindrent compleindre q'ils ne purroient faire execucioun de lour office a sa profite pur l'ercevesqe. Et si n'avoit rien fait fors q'il lour avoit amonesté a surseir de tortes a Saint Eglis. Le roy disoit irousement: ' Si mez gentz vaillascent riens, ils ne me soeffrent avoir tiel vileny d'un vilain clerk'.

Jones chivalers et sauvages qy entour ly estoient a l'houre ou le roy estoit en Normendy, Willam de Tracy, Hughes de Morviller et Randulf fitz Ourse od autres vindrent outre mere, sez mistrent a Cantorbirs, aresonerent l'ercevesqe despitousement com il seoit a manger. *Qi courtement lour respoundy.*

Le tier jour de Nouel qi s'en alerent en la vile au taverne. Ses rementivoint du respouns l'ercevesqe. Firent somoundre lez comuns de la vile pur aler ove eaux com avoint commissioun. Retournerent au palais de ou l'ercevesqe estoit alez a l'eglis pur doute de eaux. Ils ly sercherent et ly troverent en l'eglis. Sacherent lour espeis, ly detrencherent mort / f. 156 col. a / quoi, com est dit.

N'estoit pas lour purpos, mais de l'enticement du deable pur lour encoumbreir et, com Dieux le voloit, a ly glorifier de martir. Lour sureveint cel pensé qi tost reconistrent lour maufait. Qi sez mistrent en exile pur dout de vengeaunce. Qe reconustrent lour coup; qar, com tesmoignent lez cronicles, de l'houre q'ils avoint tué ledit saint ercevesqe ils devindrent si descounfitz q'ils perderent tot countenaunz.

Ce texte de Thomas de Gray est relativement surprenant.

La phrase prêtée à Henri II est très vague et ne comporte aucune idée de vengeance.

L'auteur a dit d'emblée que l'assassinat ne correspondait pas 'au gré du roi' qui de toute façon a beaucoup souffert ensuite de la révolte de ses fils.

Les chevaliers assassins eux-mêmes - là est le fait le plus marquant - bénéficient de circonstances atténuantes. Ils sont allés à la taverne, ils ont été vexés par l'accueil assez froid que l'archevêque leur avait fait à l'heure du dîner. Ils n'ont fait qu'accomplir la volonté de Dieu qui de toute façon voulait l'accomplissement du martyre. Ils sont victimes d'une sorte de prédestination. Alors que selon Guernes ils se sont réjouis bruyamment de leur crime, selon Gray ils ont tout de suite pris conscience de celui-ci et sont entrés en pénitence.

A la limite, l'on peut se demander si Thomas de Gray ne veut pas désacraliser un peu Thomas. Il serait allé de son palais à la cathédrale, non pas pour choisir le lieu de son martyre, comme chez Guernes, mais par peur des chevaliers.

Il faut se souvenir aussi de la façon dont Gray présente le séjour de Thomas à Pontigny.
F. 155v col. a.
    Meisme le temps saynt Thomas de Cantorbire fust exilé, qi graunt repair fist a Pountenay a graunt freise de l'abbey. Qi au departir disoit a l'abbé qe un vendroit aprés li qi tout aquitera. Quel parole fust puscedy supposé de la demore qe Emound ercevesqe de Cantorbirs y fist en le temps le tierce Henry et illoeqes gist, q'est apellé saint Edmound de Pountenay.

Si ces lignes indiquent bien la continuité des comportements d'un siècle à l'autre entre deux archevêques de Cantorbéry qui durent s'exiler, elles évoquent d'abord les habitudes fastueuses, l'importance de la suite de Thomas à Pontigny. L'on retrouve là le reproche amical que Jean Bellesmains, cistercien anglais devenu évêque de Poitiers, fit au cours de l'été 1165 à son vieil ami Becket (ils avaient été éduqués ensemble à Cantorbéry). Il l'invita à plus d'économie, l'exhorta *à ne pas rougir de s'adapter* à sa nouvelle situation, l'incita 'à réduire le personnel de sa maison et le nombre de chevaux de son écurie par égard pour un monastère qui consentait à pourvoir à son entretien'.[30]

Devant un tel texte la réaction normale d'un chercheur français est de vérifier si sa présence au sein de la bibliothèque Parker n'a pas une signification idéologique.

Dans les marges du manuscrit aucune main, aucun signe ne privilégient le passage consacré à Thomas Becket.[31] D'autre part, ce passage étant mis de côté, l'ensemble du texte de Corpus Christi 133 ne traduit pas une grande indépendance d'esprit à l'égard de l'Eglise romaine. Au contraire, les souverains qui n'ont pas respecté les biens des moines ou les revenus du clergé séculier sont représentés comme subissant ensuite de graves déconvenues, que ce soit sur cette terre ou dans l'au-delà. Il semble que de nombreux paragraphes ont été directement traduits de chroniqueurs monastiques.[32] Néanmoins, dans son opuscule intitulé *Matthew Parker's Legacy*,[33] R.I. Page explique comment le Conseil Privé d'Elisabeth I en 1568 publia une lettre[34] qui faisait connaître l'intérêt de la reine pour les anciennes archives relatives aux affaires civiles ou religieuses, son souci de les voir conservées. Matthew Parker, archevêque de Canterbury, était chargé de rechercher ces manuscrits auprès de leurs nouveaux propriétaires, de les copier et éventuellement de les rendre. Selon R.I. Page, le fonds de Corpus Christi correspond au lot le plus important de manuscrits non rendus par l'archevêque.

En fait la preuve du lien intellectuel qui doit normalement exister entre le ms. 133 et Matthew Parker n'est pas loin. Cette preuve, c'est le MS 119. Ce manuscrit est décrit de façon tout à fait évocatrice par Nigel Wilkins dans son *Catalogue des manuscrits français de la bibliothèque Parker*.[35] Il s'agit d'un recueil de documents en papier du XVIe siècle et notamment de lettres de réformateurs continentaux: Erasme, Melanchton, Calvin, Zwingli... Il y a ainsi une lettre autographe de Luther datée de 1537 et adressée à Martin Bucer, réformateur alsacien qui devint professeur de théologie à Cambridge en 1549 et qui était l'ami intime de Parker. Mais il y a aussi une lettre d'Anne Boleyn enfant dont Parker fut justement l'un des chapelains, comme le rappelle N. Wilkins. Enfin et surtout, à la fin du recueil figurent quatre pages portant la traduction littérale et extrêmement précise, probablement d'après le ms. 133, du début de la Scalacronica, c'est-à-dire de la seule introduction, qui est consacrée aux circonstances de la composition, aux symboles de l'échelle et de la sybille, au plan de l'œuvre. Cette traduction en anglais de la Renaissance ne va pas au-delà, mais tout laisse à penser qu'elle fait partie de ces travaux de collation entrepris à la demande du Conseil Privé à partir de 1568. Et comme elle est conservée avec des papiers personnels de Parker, il est très probable qu'elle procède de son initiative, même si l'écriture n'est pas la sienne, comme il ressort d'une comparaison avec des échantillons ingénieusement rassemblés par Timothy Graham.

Le fait que cette traduction est restée liminaire ne réduit pas nécessairement l'intérêt porté à la *Scalacronica* par Matthew Parker et l'absence d'annotations ou de signes à côté des colonnes où il est question du meurtre de Thomas Becket ne signifie pas que ces colonnes n'ont pas été lues par lui ou ses collaborateurs. Non seulement le crayon rouge de Parker apparaît assez souvent dans le manuscrit,[36] non seulement la translation des cendres de Becket a fait l'objet d'une annotation au f. 184v,[37] mais en outre il se trouve qu'en 1538 Henri VIII avait ordonné de 'démolir la châsse du saint, de disperser ses ossements, d'effacer à jamais son nom du martyrologe de l'Eglise d' Angleterre'.[38] Et cette décision était 'supportée par une attitude critique'.[39] Dès les années 1511-1514, 'le pèlerinage à Cantorbéry de Jean Colet et de Didier Erasme ... - décrit en un célèbre dialogue - a mis en question les outrances du culte de saint Thomas...'.[40] Ce culte apparaît 'désormais à certains esprits comme solidaire de la politique romaine' et comme significatif d'une option très précise. Ainsi Thomas More a souhaité être rappelé à Dieu en la vigile de la fête de la translation de saint Thomas.[41] Et à l'opposé, c'est notre Matthew Parker qui dans ses *Antiquitates Britannicæ Ecclesiæ* expose les motifs de la mesure impie de Henri VIII. R. Foreville a très bien traduit ce passage:

En dépit de cela, après quelques siècles, le roi demanda le concours des prélats et des nobles de son royaume et, à la suite de recherches diligentes et laborieuses, il fut établi sans aucun doute ce que fut réellement Thomas, les mauvaises actions qu'il avait commises, les troubles et malheurs qu'il avait attirés sur le royaume. En conséquence, le roi ordonna d'effacer et de gratter son nom dans les livres de la prière publique où il apparaissait en maintes places comme le nom d'un saint, et aussi parce qu'il s'était élevé avec une arrogance intolérable au-dessus de l'autorité du roi et de la commune, excédant ce que la religion chrétienne ou l'Eglise peuvent à juste titre revendiquer d'indépendance et de liberté par droit divin. La renommée de sa prétendue sainteté était devenue si grande et si populaire que l'église de Canterbury qui contenait sa châsse avait perdu le nom du Christ notre Sauveur auquel elle était dédiée à l'origine, et était presque passée sous le vocable de saint Thomas. Telle est la fin inéluctable de l'hypocrisie et de l'inauthenticité; le temps apporte la preuve de la vérité et l'hypocrisie ainsi dévoilée est réduite à néant'.[42]

Matthew Parker s'intéressait non seulement à Becket, mais aussi aux chroniques médiévales. Même sans contenir un passage un peu particulier sur Thomas Becket, la *Scalacronica* pouvait faire l'objet de ses soins, puisque entre 1567 et 1574, comme le rappelle A. Gransden,[43] il publia 'Matthieu de Westminster', les *Chronica Majora* de Matthieu Paris, l'*Historia Anglicana* de Thomas Walsingham, l'*Ypodigma Neustriæ* et la *Vie du roi Alfred* d'Asser. Le manuscrit 119 doit représenter l'ébauche d'un travail équivalent pour la *Scalacronica*.

Mais une génération plus tôt, en 1533, donc sous Henri VIII, John Leland avait déjà été chargé d'une mission comparable de préservation et de transmission du patrimoine historiographique. Il visita 137 bibliothèques monastiques sur 584 et copia des extraits de toutes les grandes chroniques.[44] En complément de son édition du texte anglo-normand, J. Stevenson a édité les notes prises en anglais par J. Leland. Concernant Thomas Becket son silence est assourdissant. Il ne nomme qu'une fois le saint de Cantorbéry, simplement pour dire que Guillaume d'Ecosse a fondé une abbaye qui lui est consacrée. Rien sur le conflit ni sur le martyre. De son point de vue il valait peut-être mieux ne pas en parler du tout.

En revanche, Leland a voulu noter l'essentiel de ce que Gray avait écrit au sujet de la vie sentimentale agitée de Henri II. Est-ce malgré tout l'influence de Henri VIII qui aurait suscité l'idée d'un parallèle au moins implicite entre les deux Henri?

'Rosamunde, the faire doughter of Clifford, was concubine to Henry the 2 at Wodestoke, and was poysenid, as sum think, by the quene Henry wife.
After the death of Rosamunde Henry toke prively king Lewys doughter of Fraunce, that was maryed to his sunne Richard counte of Petow, for his leman.
King Henry had practisid afore for a dispensation of devorce betwixt hym and his quene Eleanor, yn thentent [= the entente] to have had her that his sunne Richard was after maryed onto'.[45]

Il semble bien que John Leland confonde Adélaïde de France et Bérengère de Navarre et ne comprenne pas parfaitement le français de Gray, mais le sujet avait dû lui paraître d'actualité... *Post mortem* Henri II justifiait Henri VIII.[46]

Thomas de Gray et les Ecossais.

Notre 'antiquaire' aimait beaucoup les parallèles, fussent-ils approximatifs. Ainsi au f. 3 du futur manuscrit Cotton Julius A.V de la *Chronique* de Langtoft, il écrivit: 'Hunc P. Langtoft in gallicam prosam vertit auctor scalæ cronicæ'[47] Mais Thomas de Gray diverge souvent de ce prétendu modèle, ainsi, par exemple, à propos des Ecossais.

Ceux de Thomas de Gray sont civilisés et respectables, tandis que ceux de Pierre de Langtoft sont restés au niveau de la communication orale, ont un roi inintelligent surnommé 'Jean le musard' (i.e. Jean de Balliol), habitent des huttes ou des cages, sont mal chaussés. La confiscation de la pierre de Scone sur laquelle sont sacrés les rois d'Ecosse apparaît chez Langtoft comme une bonne plaisanterie au même titre que l'envol des cloches de l'abbaye du même lieu:

> Yayr kynges sete of Scone
> Es driven over done,
> To Loundene i- ledde.
> In toune herd I telle
> Yat baghel and ye belle
> Ben filched and fledde.[48]

Chez Thomas de Gray, cette pierre est avant tout le gage de la légitimité d'un sacre. Couronné à Scone, Jean de Balliol est bien le roi d'Ecosse, qu'on le veuille ou non :

> 'Qi Johan fust coroné au gise du pays a Scone le jour de saint Andrew l'an de grace mil. CC.XC.II'. (f. 195 col. a).

Même transporté abusivement à Londres, le symbole écossais est l'objet des plus grands soins de la part d'Edouard Ier:

> ..et en soun repairir il enfist enporteir de l'abbay de Scone la pier sur quoi lez roys d'Escoce solaint estre surmys a lour novel regnement et la enfist aporter a Loundres a Westmouster et la ordeina le sege du prestre a l'haut autier'. (f. 196 col. a et b).

Et la première fois qu'il en avait parlé, Thomas de Gray avait bien indiqué son origine très ancienne et aussi toute sa signification institutionnelle:

> 'Icesti Fergus aporta hors de Ireland la pere real avaunt nomez et la fist mettre ou ore est l'abbay de Scone, seur quoy furount faitez, assise et establis les roys d'Escoce touz puscedy tanqe Edward le primer roy d'Engleter après la conquest l'enfist aporter a Loundres a Westm[ouster] ou ore [est] le sege du prestre a le haute auter'. (f. 191v col. b).

Notre chroniqueur respecte cette pierre infiniment respectable comme tout ce qui touche aux origines de l'Ecosse. A ses yeux, l'Ecosse remonte à Gaidel, chevalier athénien qui avait épousé la fille du roi d'Egypte Pharaon appelée Scota et la *Scalacronica* a

131

notamment pour but de faire connaître la succession détaillée de ses rois:

'...voet cest cronicle toucher la originauté dez roys et la processe de eaux q'en Escoz ount regné...'. (f. 190v col. b).

L'attitude de Thomas de Gray à l'égard de l'Ecosse est tout à fait différente de celle d'un Langtoft. Langtoft méprisait l'Ecosse et les Ecossais. Au contraire, Thomas de Gray montre un intérêt puissant pour tout ce qui est écossais. L'organisation générale de sa chronique qui tient de la chronique universelle ou générale favorise en effet l'Ecosse. Chaque règne anglais est suivi, selon un schéma habituel, d'informations presque aussi longues sur le ou les règnes écossais correspondants. Ainsi il faut voir la place qu'occupe Guillaume d'Ecosse à côté, voire à l'intérieur, du règne de Henri II. Même remarque pour Edouard Ier et Jean de Balliol. Alors que sur les vingt manuscrits médiévaux de Langtoft, un seul (celui de New York, le MS 930 de la Pierpont Library) comporte une généalogie détaillée des rois d'Ecosse (et encore c'est une annexe qui suit le texte), la prose de Gray intègre de longues généalogies écossaises qui font surtout ressortir que les rois d'Ecosse sont des comtes anglais maintenus par leurs alliances dans le milieu de la chevalerie anglo-normande.

J. Stevenson a bien fait de souligner les attaches familiales et territoriales des Gray avec Berwick. Cette ville frontière était tantôt anglaise, tantôt écossaise, et ses habitants avaient nécessairement des ascendants dans les deux nations. Les Gray d'Ecosse, qui sont originaires du comté voisin de Roxburg, ont des armoiries très semblables, sinon identiques, à celles des Gray du Northumberland.[49] On pouvait ne pas aimer les Ecossais, mais il était impossible de minorer leur influence et leur place dans la vie locale. En revanche, à Durham ou à Bridlington, dans la sphère culturelle d'York, Langtoft et ses lecteurs voyaient plutôt dans les Ecossais des pillards très frustes, vite arrivés et vite repartis, et non pas les représentants d'une culture à la fois originale et parente.

Thomas de Gray, qui avec ses généalogies et ses listes est un peu un précurseur des nobiliaires, explique comment après sa libération Guillaume le Lion , roi d'Ecosse, punit ceux de ses vassaux qui n'avaient pas contribué à cette libération , ou même s'étaient rebellés, en donnant leurs terres aux fils puînés des seigneurs anglais qui lui étaient favorables.
F. 156v col. a:

'...il en prist od ly en Escoce plusours dez fitz pusnés des seygnours d'Engleter qi ly estoient bienvoillauntz et lour dona lez terres dez autres qy ly estoint rebelis. Si estoint ceaux dez Baillolfs, de Bruys, de Soulis et de Mowbray et les Sayncleres, lez Hayes, lez Giffardis, lez Ramesays et Laundels, lez Biseys, les Berkleys, lez Walenges, les Boysis, lez Moungomeris, lez Vaus, lez Colevyles, lez Freysers, lez Grames, lez Gourlays et plusours autres...'

Ces attributions de terres écossaises constituent évidemment un précédent intéressant pour tout chevalier anglais, mais surtout elles créent un lien avec une liste déjà transmise par Gray, celle des compagnons de Guillaume le Conquérant. Autrement dit, cette nouvelle liste est un extrait de la première. Et cet extrait ramène brusquement aux origines de la chevalerie normande. Non sans malice, G.W.S. Barrow rappelle que Bruce est probablement une variante de Brix, toponyme du Cotentin,[50] que Soulles est proche de Coutances,[51] qu'il y a plusieurs Saint-Clair en Normandie, notamment Saint-Clair-sur-Elle au nord-est de Saint-Lô, que selon Anthony Wagner, roi d'armes de la Jarretière, les La Haye ou Hay viennent de la petite seigneurie de La Haye-Hue, à présent appelée La Haye-Bellefond, tout à côté de Soulles,[52] que les Giffard viennent probablement de Longueville-la-Gifart près de Dieppe,[53] que les Landell (ou Landelle ou Landale) viennent ou bien d'un village de ce nom au nord de Vire ou bien des paroisses de Saint-Martin et Saint-Brice de Landelles, juste à l'ouest de Saint-Hilaire du Harcouët,[54] que les Bisset viendraient du Pays de Caux,[55] que les Walenges, c'est-à-dire les Valognes, viennent de façon évidente du département de La Manche.[56]

En somme la chevalerie écossaise paraît encore plus normande ou anglaise qu'écossaise. D'ailleurs les chevaliers écossais ont souvent été armés en Angleterre. Ainsi juste avant l'évocation du martyre de Thomas Becket, Thomas de Gray dit:
' Cesti Willam roy d'Escoce enveint a Wyndesore ov soun frer David count de Huntingdoun qi deveint chivaler de mains le roy Henry'. (f. 155v col. a).[57]
Quand ils n'ont pas été armés en Angleterre, les nobles écossais sont souvent vassaux du roi au titre des terres qu'ils possèdent en Angleterre. C'est un fait qui remonte aux rois saxons:
'Cesti Edmound bailla le païs qe hom apele Combreland a Malcolm le roy d'Escoce par serement loialment a tenir de ly'. (f. 123 col. b).

A la différence de Langtoft, Thomas de Gray ne reproduit pas les grands textes politiques comme le serment d'allégeance de Jean de Balliol, nouveau roi d'Ecosse, ou les réponses des barons d'Angleterre ou d'Edouard lui-même au pape. Mais notre chroniqueur est au moins aussi précis, si ce n'est plus, il prouve par force détails que les Ecossais ne respectent pas les règles qu'ils ont acceptées, voire sollicitées, eux-mêmes.

Il explique comment étant sur le continent Edouard a reçu deux délégations écossaises venues lui demander d'intervenir dans la succession d'Ecosse. La première le rejoint en Gascogne pour proposer de fiancer le jeune Edouard de Caernarvon à la Maid of Norway, à la petite Marguerite héritière du trône d'Ecosse, 'pur peise avoir'. Il est convenu qu'Edouard de Caernarvon serait roi des deux royaumes et passerait une année dans un royaume, une année dans l'autre, qu'il y aurait deux corps de fonctionnaires royaux indépendants et non interchangebles (f. 189v col. a et b). Après la disparition en mer de la petite Marguerite, une autre délégation, tout aussi représentative, vient rejoindre Edouard à Gand pour qu'il trouve à l'Ecosse le roi le plus légitime possible, de manière à mettre un terme aux troubles, aux 'riotis', qui ont commencé de survenir.

Pierre de Langtoft évoque bien la recherche organisée en 1291 par Edouard afin de mettre au jour des documents prouvant l'ancienne suzeraineté du roi d'Angleterre sur l'Ecosse, mais il évoque seulement la visite de monastères et non pas la consultation de sommités intellectuelles.[58] Au contraire Thomas de Gray parle d'une enquête de très haut niveau et de dimension internationale:

> ...il [le roy Edward] envoia a touz lez universetés de la crispianeté [sic] par sez honourables messagers pur ent savoir lez opiniouns et lez discreciouns de cest matier de touz les sages del lay civille et canoun...' (f. 194 col. b).

La soumission de l'Ecosse par Edouard Ier n'est pas justifiée dans la *Scalacronica* de la même façon que chez Langtoft. Chez Langtoft c'est seulement la reprise de l'argumentation royale officielle contenue notamment dans la fameuse lettre au pape: l'Ecosse a toujours été vassale du roi de Bretagne et notamment au temps d'Arthur dont Edouard est le successeur légitime. La justification fournie par Thomas de Gray est peut-être plus officieuse, mais elle est plus subtile et en tout cas très proche des procédés utilisés par certains avocats. Ainsi par exemple l'exhaustivité, le luxe de détails jouent le rôle de preuve. Après la relation de la démarche que les Ecossais ont menée auprès d'Edouard pour qu'il pallie la disparition de la Maid of Norway, notre chroniqueur fait sur treize colonnes serrées un résumé de toute l'histoire écossaise avec notamment des indications de durée qui sont au jour près. Ce résumé lui-même ne prouve rien en dehors de la culture écossaise et de la richesse de l'information de Gray, mais il comprend deux phrases décisives pour l'avenir de l'Ecosse:

'Et si est la sum dez aunz de touz lez roys Picys et Escotes, Mille.D.CCCC.LXXVI aunz et IX moys et VIII jours tanqe l'encorounement Johan de Balliolf. Et fait a savoir qe y n'y out nul gere enter ceaux .II. realmes qe soit a countier .LXXX. auns devaunt qe par Johan de Balliolf fust comensé'. (f. 193v col. b).

Il s'agit de convaincre le lecteur que c'est bien la révolte de Jean de Balliol qui a entraîné une rupture juridique et non pas l'ambition d'Edouard. Avec beaucoup de netteté Gray explique comment trois branches descendant de David de Hungtindon, frère de Guillaume roi d'Ecosse, peuvent prétendre au trône (f. 193v col. b), comment au parlement de Norham en 1291 tous les magnats d'Ecosse demandent à Edouard de nommer un tribunal, comment tous les Ecossais lui jurent fidélité, quelle est la liste complète des prétendants, comment est élu un tribunal comprenant vingt Anglais et vingt Ecossais, comment le choix se limite aux descendants des filles de David de Huntingdon. Tout s'enchaîne avec beaucoup de rigueur. Dans un second temps, le choix se limite aux descendants des deux premières filles de David, et Jean de Hastings descendant de la troisième est éliminé. Robert de Brus est à un degré près plus proche de David, c'est son petit-fils. Jean de Balliol est seulement son arrière-petit-fils, mais il descend de la fille aînée. A Berwick le tribunal rend son jugement: Jean de Balliol l'emporte. Devant Edouard tous les Ecossais présents se rallient par serment au vainqueur, sauf les Bruce père et fils. C'est le petit-fils, Robert de Bruce III, le futur roi, mais surtout le futur rebelle, alors jeune bachelier de la chambre d'Edouard, qui prête serment à Balliol. Puis, après son couronnement, celui-ci fait à son tour hommage à Edouard à Newcastle.[59] Féodalement tout est verrouillé.

Deuxième temps: un gentilhomme écossais croit possible de faire appel d'un jugement du conseil d'Ecosse en s'adressant à la cour d'Edouard. Celle-ci lui fait droit. Le conseil d'Ecosse est 'troeblé' (f. 195 col. a et b). A la suite du meurtre de son cousin, Antoine Beck fait convoquer Jean de Balliol devant le parlement anglais à Newcastle. Il ne s'y rend pas et ne se fait pas représenter non plus. Le droit féodal a été violé par les Ecossais.

Cette volonté de ligoter les Ecossais juridiquement, de les enfermer dans des serments ou des obligations qu'ils ne peuvent que transgresser correspond à la nécessité de les condamner moralement et de justifier les combats qui sont menés contre eux.

La même dialectique se retrouve chez Pierre de Langtoft et Thomas de Gray qui sont tous deux des chantres de l'unification. Et chez les deux auteurs se devine la même arrière-pensée, celle du butin. La distribution de fiefs écossais aux fils puînés de familles anglo-normandes sous Henri II avait été encourageante. Après le soulèvemant de Bruce en 1306, Edouard Ier confisque beaucoup de terres écossaises et la liste des seigneurs anglais qui les revendiquèrent est instructive. A moins qu'il s'agisse d'une homonymie extraordinaire, dans cette liste telle qu'elle est reproduite par G.W.S. Barrow,[60] le nom de 'Thomas Grey' figure quatre fois, trois fois pour des biens qui appartenaient à la famille Fraser, une fois pour une terre de Walter Bickerton. Nous ne savons pas si ces revendications ont abouti. C'était le temps du père du chroniqueur.En tout cas, la quarantième année du règne d'Edouard III, c'est-à-dire en 1367, le fils du chroniqueur, toujours appelé Thomas Gray, s'est fait attribuer en face de Norham, de l'autre côté de la Tweed, un «manor» qui appartenait précédemment à Nicholas Heyden et à son fils James devenus 'traîtres au roi'.[61] Dans cette famille Gray, les générations successives semblent poursuivre les mêmes buts.

Mais la générosité du roi est-elle à la hauteur du dévouement de ces familles qui ont beaucoup fait pour la couronne? Michael Prestwich laisse entendre que sous Edouard Ier les récompenses en terres écossaises furent un peu fictives, car la seigneurie était difficile à exercer sur des fiefs nouvellement conquis.[62] La rédaction II de Langtoft qui semble inspirée par la noblesse du Yorkshire est très accusatrice: la crise de 1297 avec les barons qui n'ont pas voulu aller guerroyer en Flandres aurait été évitée si Edouard avait su partager ses conquêtes. Il n'est pas digne de son modèle arthurien. Arthur, lui, savait s'attacher le dévouement de ses guerriers.[63] Thomas de Gray paraît plus discret. Mais il vise probablement tous les rois en général lorsqu'il reproche en ces termes à Harold de ne pas savoir partager le butin:
'...amour dez chivalers et de gentz d'armes et bienvoillaunz du comune est le greindre tresor dez roys, saunz quoi nuls roi longment ne purra enricher'. (f. 141v col. a).

A l'égard d'Edouard III, s'il n'y a pas d'accusation, il y a au moins une invite.

La nécéssité pour le roi de récompenser ses vassaux les plus dévoués correspond à une préoccupation chevaleresque quasiment indéracinable qui peut être exprimée avec beaucoup de violence comme dans le *Charroi de Nîmes* , qui est bien intégrée au mythe d'Arthur par Langtoft, mais qui l'est aussi par Thomas de Gray,[64] même si habituellement Gray utilise moins que Langtoft les arguments arthuriens. La conquête partagée avec les vassaux semble être la récompense la plus naturelle.

Quel peut être le chevalier idéal chez notre chroniqueur-chevalier? L'image qu'il donne de son père et de lui-même est celle de chevaliers qui peuvent être blessés, faits prisonniers, laissés pour morts sur le champ de bataille, mais qui ressuscitent toujours et finissent toujours par vaincre et conquérir.

Le personnage du jeune chevalier William de Marmion, bien connu d'A. Gransden[65] et de J. Taylor[66] et qui sera évoqué plus loin, n'a pas le beau rôle comparé à Thomas de Gray père qui lui sauve la vie alors qu'apparemment il veut se faire tuer le plus tôt possible. La gloire ne doit pas s'acquérir n'importe comment. J'ai remarqué quatre emplois des mots *chevalerous* ou *chevalerousement* qui ne sont pas extrêmement fréquents, même au bas moyen âge, et les quatre fois ce mot est associé à l'idée de conquête. A la conquête de l'Ecosse par Gaidel:

'...Gaidel estoit *chevalerous*, se purchasa lez juvenceaux de soun pays, se mist en mere en nefe od sa femme Scota...' (f. 190v col. b et 191 col. a).

Association aussi avec la conquête de l'Irlande sous Henri II:

'En meisme le temps lez *chevalerous* grauntz seignours d'Engletere conquistrent Ireland au seignoury d'Engleter, quoi le pape Adrian conferma et en lieu de chartre ly envoya soun anel'. (f. 155v col. a et b).

Jean, envoyé par son père en Irlande, a le même comportement:

'Il envoya procheignement aprés cela soun fitz Johan en Irlaund qi illoeqes se demena *chevalerousement* '. (f. 154v col. b).

137

Au temps d'Edouard Ier, le chevalier qui avec Edouard lui-même semble le plus valeureux à Thomas de Gray, c'est Henri de Luxembourg qui devint empereur d'Allemagne. Il est vrai qu'avec son fils Jean l'Aveugle qui périt à Crécy en 1346 il fut un modèle de chevalerie. Il était 'vaillaunt et noblis' selon Thomas de Gray (*ibid.*). Mais l'adverbe *chevalerousement* n'apparaît qu'à propos de la tentative de conquête de la Toscane:

'Ledit emperour Henry s'entremist *chevalerousement* en Tuskane et Lumbardy a reconquer lez droitez de l'Empir'. (f. 202 col. b).

Le mot *chevalerousement* exprime-t-il une ardeur guerrière particulièrement forte comme dans la *Vie du Prince Noir* au v. 315 de l'édition D. Tyson?[67] Sûrement, mais sans la valeur un peu péjorative et récente de l'anglais moderne *chivalrous* qui signifie parfois ' à la manière de Don Quichotte'.[68] Il s'agit probablement de désigner un état d'esprit digne de Guillaume le Conquérant et de ses compagnons - c'est-à-dire relativement intéressé. Ainsi William de Marmion qui est qualifié de 'chevalier errant' par Thomas de Gray senior et qui est prêt à mourir pour l'amour d'une dame n'est pas décrit par cet adjectif.

Les compagnons de Guillaume le Conquérant.

Thomas de Gray poursuit deux buts qui ne sont pas contradictoires: l'insertion de sa famille dans l'histoire anglaise et l'insertion de l'histoire anglaise dans une histoire universelle, ou simplement générale, pour reprendre l'expression de J. Stevenson. A tout le moins, il semble avoir compris que seuls comptent les exploits qui font l'objet de l'histoire et que l'histoire universelle, ou faute de mieux nationale, les valorise encore mieux qu'une chronique locale ou purement familiale.

A cet égard la relation de l'arrivée de Guillaume le Conquérant en Angleterre est révélatrice. Elle procède d'une longue évolution, des comportements de plusieurs souverains et de l'autorisation du pape. Elle provoque un bouleversement démographique et culturel que Thomas de Gray décrit fort bien, et, en outre, elle fonde les droits de plusieurs familles, dont la sienne, du moins d'un point de vue historiographique. Fallait-il laisser penser que les vainqueurs n'avaient pas complètement éliminé les vaincus ou que certaines familles n'avaient pas participé à la victoire de Hastings? Non. De même que la liste des gentilshommes anglais devenus écossais sous Henri II devra montrer que la chevalerie est la même

138

dans les deux royaumes, de même la liste des compagnons de Guillaume le Conquérant insérée après le règne de celui-ci permet de démontrer l'unité de la noblesse anglaise depuis Hastings.

'Et fait a savoir qe toucz cestes gentez dount lour sournouns y sount escritz vindrent ove Willam le conquerour'.

A ce point du texte, le scribe du manuscrit de Corpus Christi a transcrit 501 noms sur quatre colonnes et demie (f. 145v à 146v). Quelle inflation par rapport à Wace qui en était resté à 117![69] Quelle démesure par rapport aux listes qui seront au XVe siècle intégrées au *Brut of England*[70] et qui ne dépasseront guère les 370 noms!

Mais en fait il a existé beaucoup de listes des compagnons de Guillaume le Conquérant. Dans son ouvrage publié en 1889, la duchesse de Cleveland en compte au moins treize et en isole trois auxquelles on peut donner le nom de 'Battle Abbey Roll'.[71] Selon le *Brut of England*[72] dont le texte semble avoir été encore repris par Ch. Gross[73] et E. Graves,[74] un écuyer vivant à Battle Abbey aurait recueilli les noms et les armoiries de tous les chevaliers normands présents à Hastings, Henri V aurait emprunté ce livre avant de passer en Normandie et ne l'aurait jamais rendu. Mais une liste aurait été peinte sur un mur de l'abbaye et certains noms auraient été collationnés sur un rôle avant que tous ne soient effacés.

La duchesse de Cleveland connaissait la liste de Gray, mais non pas en tant que telle. Elle la considérait comme une version tout à fait particulière de ce rôle, et même comme la plus ancienne, l'avait trouvée dans les *Collectanea* de Leland et croyait que celui-ci était le premier auteur à l'avoir fait connaître.[75] Autrement dit elle la datait de la première moitié du XVIe siècle et non pas de 1362. Presque deux siècles d'écart! Elle la jugeait néanmoins antérieure aux deux autres qu'elle avait isolées (celle qui figure dans les *Chroniques* de Raphael Holinshed, datée de 1577, et celle qui a été imprimée quelques années plus tard par Stowe, qui le sera au XVIIe siècle par Duchesne. Bien entendu, ces différentes listes sont parentes. Les listes de Holinshed et de Stowe ont pour caractéristique commune d'être alphabétiques, de présenter les noms à peu près dans le même ordre, même si l'une est plus longue que l'autre, même si celle de Holinshed comprend 629 noms et celle de Stowe 407 seulement. Et le lien entre ces deux listes d'une part et la 'liste de Leland' d'autre part, c'est que sur les 495 noms de Leland, 175 se suivent comme dans Holinshed.[76] Ainsi non seulement la liste de Gray est l'ancêtre de la liste de Leland, mais en outre il est certain que notre chroniqueur a connu d'autres listes et s'est efforcé d'en tirer parti pour la sienne.

Cette liste doit correspondre à l'image que la noblesse anglaise se donne d'elle-même dans la seconde moitié du XIVe siècle. Pour des raisons mnémotechniques et par souci d'harmonie, elle se présente comme une suite de couples allitérés, les patronymes étant énoncés deux à deux et assemblés d'après l'identité des premières syllabes selon un procédé caractéristique de l'époque. Le renouveau allitératif qui a lieu au XIVe siècle et qui a essentiellement pour but de restaurer la poésie allitérative et accentuelle du vieil-anglais repose en effet sur des homophonies initiales et aboutit à la création de formules souvent binaires dont les spécialistes ont constitué des répertoires (je pense notamment à J.P. Oakden).[77] Ainsi le rythme et les balancements occultent presque complètement la sècheresse du catalogue et les éventuels disparates, bien mieux en tout cas que les rimes et l'ordre alphabétique des autres listes. Voici donc un extrait de la liste de Gray:

...Mohaud et Mooun [=Mohun], Bigot et Boown [=Bohun], Marny et Maundevil, Morley et Moundevil, Uipount et Umfrevil, Baillolf et Boundevil, Estraunge et Estotevil, Mowbray et Morvil, Veer et Vinoun, Audel et Aungeloun, Wasteneys et Waville .... Coudrey et Collevill, Ferers et Folevil, Briaunsoun et Baskevil, Nevers et Nerevill, Chaumberlayn et Chaumberoun, fitz Wauter et Werdoun, Argentein et Anevele... Menevil et Mauley, Burnel et Buttevilain, Malebraunche et Malemain, Mortein et Mortimer, Comyn et Columber...

J. Stevenson dénonce évidemment l'absence de valeur historique de cette liste, mais en même temps souligne son originalité par rapport aux autres versions,[78] comme le fera la duchesse de Cleveland. Mais cette originalité n'est pas totale. Il existe une autre liste allitérée des compagnons de Guillaume le Conquérant qui a été transmise avec la compilation abusivement connue sous le titre de 'Chronicon Johannis Brompton'. Et il est possible de la situer aussi dans la période 1350-1400, car si John Brompton est seulement le nom d'un possesseur élu abbé de Jervaulx en 1436, les matériaux de la compilation semblent antérieurs à 1350.[79] Il reste que la 'liste Brompton' est beaucoup moins exacte et beaucoup plus courte que celle de Gray (245 noms au lieu de 501). Mais elle inclut aussi les Gray, est constituée de binômes allitérés tout à fait comparables. Le souci d'harmonie va peut-être encore plus loin dans la mesure où, en plus de l'allitération, les fins de binôme riment parfois entre elles.[80]

Grâce à des travaux scrupuleux et surtout grâce au célèbre article de D.C. Douglas publié en septembre 1943 dans *History*,[81] l'on sait désormais qu'à peine quarante noms sont sûrs, que les versions subsistantes du rôle de Battle Abbey sont nécessairement apocryphes, que le *Domesday Book* lui-même est une base criticable, puisque postérieure d'une vingtaine d'années à Hastings. Ainsi la liste de Gray doit être simplement considérée comme un morceau de bravoure et comme un élément peut-être un peu plus fantaisiste que d'autres à l'intérieur d'une tradition qui est parvenue jusqu'à nos jours avec les plaques commémoratives de Dives et de Falaise posées respectivement en 1866 et 1931.

Il n'empêche que cette liste a peut-être été particulièrement lue et utilisée à la Renaissance. Elle a été recopiée jusque dans ses détails graphiques sur les folios 70v et 71 de Harley 902, comme il a été dit plus haut, elle a été recopiée presque entièrement par John Leland pour ses *Collectanea*,[82] mais comme un document tout à fait indépendant, à une distance de 512 pages de son résumé de la *Scalacronica*, d'où la méprise de la duchesse de Cleveland, juste après une liste plus courte et moins élaborée qui n'a pas retenu l'attention de celle-ci.[83]

La liste Gray-Leland mérite d'être examinée comme une sorte de nobiliaire qui aurait circulé entre les années 1362 et 1567, date de la mort du scribe *présumé* de Harley 902, Nicholas Wotton.

Ainsi divers binômes permettent de voir comment l'amalgame se fait au bénéfice de chevaliers glorieux dont l'ancêtre n'était pas nécessairement à Hastings.

Dans la seconde colonne de la liste figure un binôme *Genevil et Giffard*. Un Walter Giffard était bien présent dans l'armée ducale, comme l'atteste Guillaume de Poitiers qui le rend même partiellement responsable de la mutilation du corps de Harold.[84] Mais Genevil est en réalité la forme anglo-normande de Joinville, nom champenois introduit en Angleterre seulement sous Henri III vers 1251 quand Geoffroy de Joinville, frère puîné du futur historiographe de saint Louis, s'y maria avec Maud de Lacy et devint l'un des plus fidèles chevaliers du futur Edouard Ier.[85]

Le nom de *Graunson* (alias Grandison ou Grandson) apparaît deux fois, dans la première colonne, à l'intérieur du binôme *Graunson et Tracy* , dans la troisième colonne à l'intérieur du binôme *Gray et Graunson*. La première fois il s'agit d'une allitération double en *gr/tr* et *s* , la seconde d'une simple allitération en *gr*. Alors que les Tracy étaient représentés à Hastings au moins par leur ancêtre Guillaume (puisqu'ils descendaient naturellement de Henri Ier Beaucler),[86] c'est beaucoup plus improbable pour les Grandson qui ont été connus en Angleterre seulement à partir d'Othon de Grandson venu du lac de Neufchâtel à Londres un peu avant 1265 et devenu comme Geoffroy de Geneville l'un des meilleurs chevaliers d'Edouard Ier. Pour C.L. Kingsford, la présence d'un Grandson sur le rôle même de Battle Abbey suffit à prouver son caractère factice.[87] Mais pour Thomas de Gray qui est assoiffé de gloire chevaleresque, l'énoncé de son patronyme juste avant celui de Grandson est de toute façon très valorisant. Car dans l'esprit d'un lecteur du XIVe siècle, le nom de Grandson évoque au moins l'image d'Othon Ier de Grandson qui selon une tradition propagée par Jean d'Ypres avait, à la croisade, sucé le venin de la plaie qu'un Sarrasin avait faite à Edouard en le frappant sous sa tente.[88] En 1291, il échappa miraculeusement au désastre de Saint-Jean d'Acre. Ensuite il se battit toujours férocement pour son roi.[89] Son plus jeune frère William, auteur des Grandson d'Angleterre, devint baron anglais, se battant très vaillamment aussi sous les ordres d'Othon lui-même, d'Edmond de Lancastre, de Henri de Lacy. Il fut notamment le père de Johan de Grandson, évêque d'Exeter, mais également ancien élève et ancien chapelain de Jean XXII. La question se pose de savoir si Gray qui aurait, semble-t-il, écrit sa chronique entre 1355 et 1363 aurait pu songer à Othon III de Grandson arrière-neveu d'Othon Ier, qui vécut entre 1340 et 1397 et fut pendant plus de vingt ans un modèle pour la chevalerie internationale. Dans l'affirmative, sa réputation de grand poète aurait pu jouer autant que sa réputation de capitaine et l'on pourrait imaginer une solidarité naturelle entre deux personnages dont chacun brillait à la fois par la plume et par l'épée. La gloire de Grandson était à l'origine continentale, mais comme il avait combattu en France sous Jean de Gand, Richard II et le futur Henri IV, comme Chaucer le connaissait, lui et son œuvre poétique,[90] il faut considérer que cette gloire avait atteint sans peine les Iles Britanniques. Ayant lui-même combattu en France entre 1338 et 1359, Thomas Gray savait mieux que personne que les grands chevaliers ne restent pas au pays. Mais il subsiste le problème chronologique. La mort de Gray, fixée par Raine en 1369, peut-elle être retardée? Faut-il se contenter de l'image des Grandson antérieurs à Othon III? Après tout, le père du poète, Guillaume de Grandson, sire d'Aubonne et de Sainte-Croix, avait déjà été un fameux guerrier sous les ordres d'Amédée VI de Savoie.[91]

Pour résumer, s'il faut supposer plus d'intentions que de hasards, ou une certaine pensée dans l'impensé, selon la formule bien connue, l'on pourrait dire que dans un premier temps les Tracy «normanisent» les Grandson et que dans un second temps les Grandson élèvent les Gray.

Tous les généalogistes savent que le nom de *Gray* qui oscille sans cesse entre une graphie avec *e* et une graphie avec *a*, même si le manuscrit Parker présente exclusivement la graphie avec *a*, est extrêmement répandu, qu'il peut venir d'un toponyme continental, mais qu'il peut aussi bien venir de l'anglo-saxon *graeg* ou d'un toponyme britannique. Il est à noter que le manuscrit Parker fait systématiquement précéder *Gray* de la préposition *de*. Cet indice n'est pas décisif, mais semble plaider en faveur d'un nom de lieu.

Depuis la mise au point figurant dans l'"Introduction' de J. Stevenson,[92] il ne semble pas que la connaissance de la famille médiévale de notre Thomas de Gray ait beaucoup progressé. En 1989, le *Lexikon des Mittelalters*[93] fait le départ entre plusieurs familles Grey ou Gray regroupées par simple commodité sous une rubrique GREY et cite en dernier lieu les Gray of Heton qui nous intéressent pour dire que c'est une famille du Northumberland qu'il faut classer tout à fait à part.[94]

Le *D.N.B* et le *G.E.C.* distinguent des Gray originaires de l'Oxfordshire descendant d'Anschitel de Gray, propriétaire cité par le *Domesday Book*, des barons Grey de Codnor, Grey de Rotherfield, Grey de Wilton... qui devraient tous être totalement étrangers aux Gray de Heton. Mais c'est une étrange coïncidence que le jeune William de Marmion, chevalier trop courtois et un peu naïf qui en 1318 se serait fait tuer volontiers, et même à pied, devant Norham par des Ecossais pour complaire à sa dame[95], futur modèle littéraire de Walter Scott et rejeton des 'champions héréditaires' d'Angleterre, ait eu la vie sauve grâce à Thomas de Gray senior qui était alors gouverneur de Norham. Car John, second baron Grey de Rotherfield, décédé en 1359, donc exact contemporain de Thomas Gray le narrateur, avait épousé une certaine Avice, fille et héritière de John, second baron de Marmion.[96] Autre coïncidence: le fils de Thomas de Gray junior, lui aussi appelé Thomas, a épousé Jane Mowbray, de la famille anglo-écossaise des Mowbray.[97] Or Alexandre de Mowbray, gouverneur du château de Berwick, frère de Philippe, gouverneur du château de Stirling, commande la troupe qui a failli tuer le malheureux William de Marmion et que Thomas de Gray senior met en déroute après l'avoir délivré. Autrement dit, si le microcosme chevaleresque des Gray était étudié exclusivement en terme de hiérarchie guerrière, comme il doit l'être, la situation se présenterait ainsi: son alliance familiale avec les Grey de Rotherfield n'a pas permis à William de Marmion de tenir tête à un Mowbray et celui-ci a été lui-même mis en déroute par un Gray de Heton. Donc les Grey de Rotherfield sont inférieurs aux Mowbray qui sont eux-mêmes inférieurs aux Gray de Heton. Cette hiérarchisation peut sembler élémentaire ou un peu puérile, mais elle répond à la vanité sans nuance qui préside à la description des faits d'armes des Gray père et fils.

Il est probable que dans la seconde moitié du XIVe siècle l'alliance d'un Gray de Heton avec une Mowbray peut passer pour une hypergamie au bénéfice des Gray. Mais, en plus des reconnaissances royales, la vaillance de ceux-ci, leur supériorité militaire compensent largement un apparent déséquilibre matrimonial. Cet épisode et ceux qui le suivent dans le texte apparaissent comme un ensemble de preuves qui justifieront un jour l'entrée des Gray dans les familles baronniales et comtales. Notre chroniqueur sachant que la gloire militaire a besoin de l'écrit pour perdurer conçoit son œuvre comme une entreprise de promotion sociale.

Et il semble bien que cette entreprise ait réussi. Non seulement le fils du chroniqueur, encore appelé Thomas, a épousé Jane de Mowbray, mais son petit-fils John épousera la fille d'Edouard Charleton de Powis, deviendra lord Powis *jure uxoris* et sera à l'origine des barons Gray of Powis, un autre, toujours prénommé Thomas, deviendra comte de Tancarville et sera à l'origine de l'illustre branche des Grey of Howick qui donnera des hommes d'Etat dans la première moitié du XIXe siècle, qui donner a aussi son nom au thé à la bergamote, et qui sera brillamment représentée jusqu'au XXe siècle.[98]

144

Mais après cette longue incursion généalogique, il convient de revenir à la liste des compagnons de Guillaume le Conquérant dressée par Thomas de Gray.

Les noms insulaires y sont très rares et, quand ils apparaissent, l'allitération ou le rythme les amalgame à l'onomastique franco-normande: 'Hasting et Hawley... Warde et Werlay... Hayward et Henour... Fitz Marmaduk et Mountrivel...'

Ces assemblages semblent bien destinés à créer une image unie de la noblesse britannique, Gray ayant conscience que les dernières familles de l'aristocratie saxonne sont intégrées depuis longtemps malgré la survivance de certains patronymes.

A propos de l'établissement, vingt ans plus tard, du gigantesque cadastre du *Domesday Book* il convient de l'humiliation imposée aux anciens maîtres:

'Cesti Willam le conquerour fist mettre en escript touz les viles ove touz lez fees de chevalers en Engleter et combien dez charues de terre. En quel hour hom avoit hount d'estre apellé Englés taunt furount surmountez dez Normauns'. (f. 145 col. b).

Cette humiliation ne lui semble pas justifiée. Ecrivant encore en français à une date tardive, il a un mérite particulier à reconnaître que l'anglais est indéracinable. Il le dit clairement à propos de la rédaction des 'Lois de Guillaume':

'Cesty Willam le conquerour fist examyner lez loys usez en le tens saint Edward, lez trovoist foundez de resoun et droiturelis, si lez fist establir et en plesaunce du poeple lez fist tenir. Mais ordeyna q'ils fussent pledez en frounceis patoys normaund. Si fist enfourmer lez enfauntz en latine par Frances pur ceo qe volountiers ust mué le langage.Mais ne pooit pur la multitude del comune'. (f. 144 col. b).[99]

La situation décrite doit encore correspondre à la réalité du XIVe siècle. C'est aussi celle qui est évoquée par Ranulf Higden (*Polychronicon* , Rolls ed. II, 159) et Robert Holkot qui était lui-même professeur.[100] L'obligation de savoir déjà le français pour apprendre le latin a souvent été combattue. Mais elle a perduré au moins partiellement puisque John Palsgrave s'en plaint encore au XVIe siècle pour la raison qu'elle entraînerait une mauvaise prononciation du latin.[101]

Est-ce avec malice que notre chroniqueur raconte comment Wulstan, évêque de Worcester, sut résister à Guillaume le Conquérant qui aurait voulu le déposer sous le prétexte qu'il ne parlait ni latin ni français?

'Et si est recordé qe le conquerour voroit avoir fet deposer Wolstan l'evesqe pur ceo qe bien ne savoit parler latin ne fraunces. Qi Vulstan enficha soun bastoun pasturel en le marbre du toumbe saint Edward par qi il deveint evesqe, si disoit au conquerour: 'Un meilliour de toy le me dona a qi jeo le rebail'. Quel bastoun nuls ne pooit oster du marbre tanqe meisme le Vulstan l'enprist au prier dudit roy et conquerour. Par qy Vulstan Dieux avoit plusours foitz moustré miracle'. (f. 143 col. a).

Si Gray se plaît à rappeler une telle légitimité, arthurienne dans sa forme et saxonne dans son principe, face au sans-gêne des Normands, il y a lieu de se demander si sa propre famille n'était pas à l'origine plus saxonne que normande. Mais les documents manquent aux généalogistes.

Quand il ne s'agit pas du personnage de Becket, Gray est très favorable aux intérêts de l'Eglise en général. Est-ce par cléricalisme, par pitié des Saxons ou par haine des Normands qu'il dénonce à maintes reprises la manière dont ceux-ci se sont substitués brutalement aux prélats et aux ecclésiastiques saxons?

'Meisme le temps le roi Willam le conquerour fist tenir un general counsail a Wincester en le utase de Pasch ou plusours evesqes, abbés et priours furount ostez et Normauns enz mys'. (f. 143 col. a).

'Willam le roy par counsail Roger, count de Herford, fist enporter touz les tresors qe mussez estoint en eglis dez Englés pur dout de soy et fist faire novelis abbays poeplez de Normaunz'. (f. 143v col. a et b).

'...et fist oster en plusours lieus moignes englés de lour mesouns et einz mettre autres moignes normauns'. (f. 145 col. a).

Il est souvent spécifié que Guillaume n'agit pas seul, mais à l'instigation des autres Normands, par leur 'enticement'. Toujours est-il que Gray semble prendre plaisir à narrer les interventions miraculeuses des vieux saints anglais, saint Jean à Beverley, saint Cuthbert à Durham qui mettent le nouveau roi ou ses chevaliers en déroute.

Ainsi Guillaume le Conquérant ravage le Northumberland, mais le fief de saint Jean de Beverley est sauf parce qu'un miracle s'y produit au détriment d'un chevalier du roi qui aurait voulu commettre un vol.:

'...rien y pooit manoir fors vermes soulement, fors soulement en le fee saint Johan de Beverlay et ceo pur un miracle q'aveint d'un dez chivaleris le roy qi comensa illoeqes a robber, si roumpy le cole, le visage bestourné'. (f. 142v col. b).

A Durham, les faits sont particulièrement spectaculaires:
'Par enticement de sez Normaunz le roy comaunda trois de sez presters overer la toumb saint Cuthbert pur veoir la certain de chos qe hom enparla. Qi od le comaundement deveint si abayez de poour qe leez estoit a reappeler le comaundement, qi ne scessa a fereir chevale dez esperouns tanqe il fust passé Tese, qi touz jours mes honoura saint Cuthbert et enfraunchea l'eglis en seignury real et endona Billingham et Houden l'an suaunt'. (f. 143 col. b).

Conclusion.

Malgré un souci d'exhaustivité qui la rattache aux chroniques universelles, malgré une composition équilibrée et un ton de sérénité qui est maintenu du début à la fin, la *Scalacronica* n'est pas un texte innocent.

Matthew Parker s'en est douté. Non seulement il fit l'acquisition du manuscrit qui allait devenir le C.C.C. 133, mais en outre il en traduisit ou fit traduire le début en anglais. Il promena son fameux crayon rouge sur le texte et ses collaborateurs ne purent pas ne pas voir le passage du manuscrit qui évoque le meurtre de Thomas Becket et tente de disculper à la fois Henri II et les chevaliers anglais. Il est troublant que Matthew Parker ait justement été chargé de justifier la destruction du culte de saint Thomas à Cantorbéry.

Une génération plus tôt, John Leland a collationné le futur ms. C.C.C. 133 et en a traduit de nombreux extraits en anglais. Il considère la *Scalacronica* comme la mise en prose de la *Chronique* de Pierre de Langtoft. A vrai dire, si l'on se limite par exemple à la période d'Edouard Ier, les faits évoqués sont souvent les mêmes, les sources peuvent être communes, mais l'inspiration est tout à fait différente. Langtoft est xénophobe et en particulier 'scotophobe', pour reprendre l'expression de M.D. Legge. Thomas de Gray ne l'est pas. Au contraire, il s'applique à montrer l'aspect anglais, sinon normand, de la noblesse écossaise, il affiche son respect et sa connaissance de l'histoire de l'Ecosse.

De la même façon, tout en s'obstinant à écrire dans la langue de la chevalerie normande dont il est l'héritier, il reconnaît l'enracinement populaire de l'anglais, il souligne la sainteté et le

147

rayonnement des vieux évêques saxons qui paraissent d'autant plus grands qu'ils ignorent le latin et la hiérarchie continentale. Et aux yeux de Matthew Parker, ce sont peut-être là les prémices de l'anglicanisme. Ce qui intéresse Thomas de Gray, ce n'est pas tant la guerre d'un peuple contre un autre que l'affrontement de deux chevaliers ou, plus exactement, de deux lignages. Ce qu'il espère, c'est moins la submersion d'un peuple par un autre que la victoire de quelques chevaliers. A tout prendre, le chanoine de Bridlington est le plus belliqueux des deux chroniqueurs. La chevalerie de Gray est économe des vies humaines.

Selon lui, un vrai chevalier ne doit pas aller au combat dans l'idée de périr glorieusement et inutilement comme le pauvre William de Marmion, mais il doit s'efforcer de survivre et, si possible, d'être vainqueur et conquérant comme les guerriers 'chevalereux' qui ont conquis l'Irlande.

Dans ces conditions, l'échelle symbolique qui figure à la fois dans l'introduction de la *Scalacronica* et au-dessus des armoiries des Gray rappelle certes l'échelle de Jacob et l'échelle de la connaissance, mais elle évoque aussi, immanquablement et peut-être beaucoup plus, une ambition très organisée où la littérature ne fait que prolonger et immortaliser le succès des armes.

J. C. Thiolier
Université de Paris XII.

NOTES

1.   *Histoire et culture historique dans l'Occident médiéval*, Paris, 1980, pp 70-71, 202 et *English historical Literature in the fourteenth Century*, Oxford, 1987, p. 172.

2.   T.V (Rome, 1984), p. 207.

3.   'le opidoun Mount Agneth, jadys Chastel de Pucelis'.

4.   'The use of universal chronicle at Worcester', dans *L'historiographie médiévale en Europe*, éd J.-Ph. Genet, Paris, 1991, pp. 277-285. La troisième partie de cet ouvrage (pp. 235-340) est entièrement consacrée au genre de la chronique universelle. Pour la définition de ce genre, voir J. Taylor, *The universal Chronicle of Ranulf Higden*, Oxford, 1966, pp. 152-160, et aussi, bien sûr, K.H.Krüger, *Die Universalchroniken*, Turnhout, 1976.

5.   Ainsi, par exemple, pour la période correspondant au règne d'Edouard 1er, l'histoire d'Ecosse occupe 42 colonnes et demie, l'histoire allemande 2 colonnes et demie.

6.	F.6v col. a et b. Voici la citation complète: 'Et fait a savoir qe pusqe l'estoir ad devisé la processe du lyn de Adam tanqe le temps Eneas le proaiel de Brutus, de cel houre en avaunt voet cely qe cest cronicle translata lesser la proliuxste matier dez Hebreus et Perciens et pursivre en chef la processe du ligne Eneas fitz Anchises, extrait du ligne Ismael fitz Abraham.'

	Se plaçant dans la perspective d'une chronique universelle, Gray aime bien comparer ce qui est comparable d'un pays à l'autre. Ainsi il dit à propos de la mort du roi saxon Edgar:

	'Et adonqes morust le roy Edgar qi doit estre en auxi bon memoir as Engles com Romulus as Romayns et Charlemain as Fraunceis ou Sirus a Perciens ou Arsaces as persiz ou Arthur as Bretouns' (f.126v col. a).

7.	Le titre exact de cette traduction est *Scalacronica, The reigns of Edward I, Edward II and Edward III as recorded by Sir Thomas Gray and now translated by the Right Honorable Sir Herbert Maxwell, baronet.*

8.	*I Fatti di Bretagna, Cronache Genealogiche Anglo-Normanne dal XII al XIV secolo... con introduzione, nota linguistica e glossario*, Padoue, 1979. Les extraits de la *Scalacronica* occupent les pages 44-51, 67-71 et ont été analysés dans l'*Introduction* aux pp LIX-LXII.

9.	*Op. cit.*, pp XXXV-XXXVI.

10.	'Anglo-Norman studies: the last twenty years', dans *Australian Journal of French Studies* (1965), p. 239.

11.	Oxford, 1963, p. 287.

12.	Publié à Londres.

13.	*Art. cit.*, p. 240.

14.	*Op. cit.*, p. XII.

15.	'...ditz du Bruyt en engles... ditz de Merlin'.

16.	Cf. J.C.Thiolier, *Edition... de P. de Langtoft...*, t. I, Créteil, 1989, p. 102. Richard de St.-George posséda probablement aussi le MS L de Langtoft, Oxford, Bodl. Laud. Misc. 637, lequel MS fut peut-être possédé aussi par le petit-fils de Gray au XVe siècle, John de Grey, comte de Tancarville (*op. cit.*, p. 101). Le MS Jesus college 58 aurait-il eu le même destin? Ce serait l'origine de la méprise.

17.	*A descriptive Catalogue of the Manuscripts in the Library of Jesus College*, Cambridge et Londres 1895, pp. 92-93.

18.	Rauf de Boun, *Le Petit Bruit*, éd. D.B. Tyson, Anglo-Norman Text Society, Plain Texts Series, No. 4, Londres, 1987.

19.	*A Catalogue of the Harleian Manuscripts in the British Museum*, vol. 1, Londres, 1808, p. 470.

20.	*Op. cit.*, p. XXXV-XXXVI.

21.	Cf. J.Fisiak, *A short Grammar of Middle English*, I, Varsovie-Londres, 1968, p. 52 et F.Mossé, *Manuel de l'anglais du moyen âge*, II, t.I, Paris 1962, § 31, 4 .

22.	Cf. J.Fisiak, *op. cit.*, p. 34 et F.Mossé, *op. cit.*, § 29.

149

23.   Cf. e.g. ff. 123 col. a, 124v col. a, 125v col. b, 126v col a, 157v col. b.

24.   'An early draft of Guernes's *Vis de saint Thomas Becket*', pp. 20-34, dans *Medium Aevum,* vol. XLVI (1977).

25.   Cf. C. et J.-P. Deremble 'La sainteté de Thomas Becket à travers les verrières de Sens et de Chartres du début du XIIIe siècle', p. 50, dans *Saints et Sainteté hier et aujourd'hui,* Université Paris-Val-de-Marne, Groupe de Recherches sur l'Histoire et la Pensée Religieuses Anglaises, Paris, 1991.

26.   Sur ces reliquaires, voir R.Foreville, 'La diffusion du culte de Thomas Becket dans la France de l'ouest avant la fin du XIIe siècle', *Cahiers de Civilisation médiévale,* XIX, Poitiers (1976), pp. 360-365.

27.   E.Walberg, *La tradition hagiographique de saint Thomas Becket avant la fin du XIIe siècle,* Paris, 1929, p. 28. ('Date et source de la vie de saint Thomas de Cantorbéry par Benet, moine de Saint-Albans').

28.   *Op. cit.,* p. 16.

29.   'Henri II Plantagenêt patron des historiographes anglo-normands de langue d'oïl", p. 103 dans *La littérature angevine médiévale, Actes du colloque du samedi 22 mars 1980,* Université d'Angers, 1981.

30.   Cité par P.Aubé, *Thomas Becket,* Paris, 1988, p. 217.

31.   Seul un signe marginal très fréquent dans le MS attire l'attention du lecteur sur le nom de saint Edmond et, de toute façon, comme le pense Timothy Graham, ce signe est probablement antérieur à Parker.

32.   Ainsi quand l'abbé de Saint-Denis fit ouvrir le tombeau de Charles Martel qui avait beaucoup spolié l'Eglise et ses pauvres, il vit s'échapper 'un noyr dragoun' (ff. 98v et 99). L'évêque d'Orléans Eucher l'avait vu dans les tourments de l'Enfer et un ange lui avait dit: 'Ceo est le jugement de ceaux qi extorsiouns fount as bens de Saint Eglise et dez povres' (*ibid.*). Sort exemplaire qui a suscité l'inscription d'une note en anglais au-dessus de la seconde colonne du f. 98v: 'Here is a gode tale agaynes extorcioneris'. Edwin, roi saxon, dut aussi payer le prix de ses méfaits contre l'Eglise et saint Dunstan: 'Cesty Edwyn pur ses mauveys tecches perdy grauntement de soun realme... Ascuns cronicles dient qe le deable apparust a saint Dustan aprés la mort cesti roy Edwyn qi ly disoit qu'il avoit en sa prisoun cely qi taunt ly avoit anuyé...'(f.124v col. a et b). En revanche, Athelstan et Edgar, amis de l'Eglise, sont promis à toutes les félicités célestes.

33.   Corpus Christi College, Cambridge, 1975, pp. 6-7.

34.   L'original de cette lettre est conservé à Corpus Christi College. C'est aujourd'hui le manuscrit 114. Sur les circonstances de sa rédaction et sur le fait que M. Parker en est au moins partiellement l'auteur, voir C.E. Wright, 'The dispersal of the monastic libraries and the beginnings of Anglo-Saxon studies. Matthew Parker and his circle: a preliminary study', *Transactions of the Cambridge Bibliographical Society,* vol. 1, Cambridge (1953), pp. 212-213. Je remercie Timothy Graham de m'avoir indiqué cet article.

35.   Parker Library Publications, Corpus Christi College, Cambridge, 1993, pp. 52-53.

36.   Des traits rouges de Parker sont visibles aux ff. 143 (remplacement d'évêques saxons par des Normands), 146v (couronnement de Guillaume le Roux par Lanfranc), 196v (Thomas de Gray père laissé pour mort après une attaque surprise de William Wallace), 198v (le même laissé pour

mort au siège de Stirling) 201 (Robert de Kilwardby et Jean de Pecham)... Les traits rouges correspondent à une habitude de Parker mise en évidence dès 1600. On sait que son fils John a également utilisé un crayon rouge. Cf. M. McKisack, *Medieval History in the Tudor Age*, Oxford, 1971, pp. 36-37.

37.   Cette annotation a été faite dans une écriture cursive trop épaisse pour être celle de Parker lui-même.

38.   R.Foreville, 'Mort et survie de saint Thomas Becket', *Cahiers de civilisation médiévale*, XIV, Poitiers (1971), p. 31. Pour plus de détails sur la destruction de ces reliques, voir J.H. Pollen, 'King Henry VIII and St Thomas Becket being a history of the burning of the saint's bones, and of the reports thereon by Thomas Derby, William Thomas and P.Crisostomo Henriquez', *The Month* (février et avril 1921), pp. 3-22.

39.   R.Foreville, *ibid.*

40.   *Ibid.*

41.   *Art. cit.*, p. 32.

42.   *Ibid.*

43.   *Historical Writings in England II, c.1307 to the early sixteenth Century*, Londres, 1982, p. 479. Voir aussi la liste des vingt-six chroniques réunies par M.Parker pour sa bibliothèque, p. 25 dans B.Dickins, 'The making of the Parker Library', *Transactions of the Cambridge Bibliographical Society*, vol. VI, Cambridge (1977). Je remercie R.Stuip de m'avoir indiqué cet article.

44.   Sur cette enquête de J.Leland, voir A.Gransden, *op. cit.*, pp. 477-478 et M.McKisack, *Medieval History in the Tudor Age*, Oxford, 1971, pp. 3-7.

45.   J.Stevenson, *op. cit.*, pp. 278-279.

46.   Il avait été question que Richard épousât Adélaïde de France, fille de Louis VII, mais la liaison avec le futur beau-père explique en grande partie que Richard ait finalement épousé Bérengère de Navarre à Chypre en 1191. Voici le texte de Gray:
'Aprés en peise fesaunt ledit roy Henry avoit en garde le feille le roy Lowys de Fraunce par tretice q'il la maryast a Richard soun fitz count de Peitow, mais il la conysoit meismes et la teint pur sa amy de l'hour qe Rosamound, la bele meschene de Clifford, estoit pusouné par la royne com fust dit. Laquel Rosamound ledit roy teint sy cher a Wodstok com est recordé, laquel gist a Goddestow enterrez. Richard le fitz ledit roi refusa ledit mariage de l'hour q'il aperscieu la maner, q'unqes aprés n'estoit bon acorde entre le pier et le fitz. Ledit roi Henry envoya au court de Rome pur devors entre ly et la royne Elianor q'il pooit esposer ladit feile le roy de Fraunce, d'avoir desherité sez fitz, mais ne pooit purchacer dispensacioun' (f. 157v col. b).

47.   Sur le MS C.C.C. 133 ont été reproduits deux vers de Langtoft sans mention de leur auteur. Au f. 182v à propos de la mort de Jean sans Terre on lit en effet dans la marge inférieure:
En l'abbeie de Swynesheved homme l'enposenett.
Et gist a Wincestre, il meismes le voleit.

Ces vers figurent dans le tome II, p. 134, de l'édition des R.S. Malgré le lien établi entre Langtoft et Gray par Leland, l'écriture n'est pas de ce dernier.
En revanche, sa main est bien reconnaissable aux ff. 1r, 1v et 2 où sont mentionnées les sources de Gray, au f. 120 aussi.

48. *Le règne d'Edouard Ier,* rédaction II, vers 1155-1160, p. 371. *Baghel*='crosse de prélat', *filchen*='s'envoler', *fleden*='s'enfuir'.

49. Cf. *G.E.C.*, t. VI, Londres, 1926. Ces Gray sont barons d'Ecosse depuis 1445 et très précisément originaires de Broxmouth. *L'armorial général* de Riestap (t. III, La Haye, 1938) contient des armes dessinées qui sont les mêmes pour les Gray d'Ecosse d'une part et pour les Grey [sic] de Heton, de Powis, de Tancarville d'autre part. A en croire le *Peerage, Baronetage and Knightage* de Burke publié à Londres en 1953 et que J.Beauroy m'a aimablement prêté et aussi le *Debrett's Peerage and Baronetage* publié en 1990 dans la même ville (p. 536 sous la rubrique d'Angus Diarmid Ian Campbell 22e lord Gray né en 1931), cette identité a subsisté jusqu'à nos jours malgré l'ajout de brisures: 'gules a lion rampant within a bordure engrailed argent...'

50. *The Kingdom of the Scots*, Londres, 1973, p. 322.

51. *Op. cit.*, p. 325.

52. *Ibid.*

53. *Op. cit.*, p. 328.

54. *Op. cit.*, p. 327.

55. *Op. cit.*, p. 332.

56. *Op. cit.*, p. 335. Sur l'origine continentale de ces familles anglo-écossaises, la source de renseignements la plus précise semble être L.C. Loyd, *The Origins of some Anglo-Norman Families*, Leeds, 1951.

57. De la même manière Malcolm IV est fait chevalier devant Toulouse (f. 155 col. b).

58. Vers I 311-314 et II 254-257. Voice le texte de la rédaction I:
        'Et fait a li venir d'abbeie e priorie
        Trestuz les cronicles de l'ancesserie
        Et la gest examine; assez le certifie
        Que sir Edward ad dreit a la seignurie'.

Sur cette recherche auprès des monastères, voir B.Guenée, 'L'enquête historique ordonnée par Edouard Ier, roi d'Angleterre, en 1291'. *Comptes rendus de l'Académie des inscriptions et belles lettres* (1975), pp. 572-584.

59. Tout cet épisode successoral se concentre sur les ff. 194r et v et 195 col. a.

60. *Robert Bruce*, 2e édition., Edimbourg, 1976, pp. 447-452.

61. Cf. J.Stevenson, *op. cit.*, p. XXI.

62. *The three Edwards, War and State in England, 1272-1377*, Londres, 1980, p. 51.

63. Vers II 1534-1543, 1899, 1913-1915. Voir aussi notre contribution aux *Mélanges offerts à André Crépin*, Amiens, juin 1993, 'Le portrait d'Edouard Ier Plantagenêt par Pierre de Langtoft'.

64. M.L.Meneghetti, *op. cit.*, pp. 49 et 51, A.Gransden, *Historical writing* II, p. 94 et note 211. Pour le *Charroi de Nîmes*, voir l'éd. D.McMillan, Paris, 1978, vers 252-299 en particulier. J.Frappier (*Les chansons de geste du cycle de Guillaume d'Orange*, t. II, seconde édition, Paris, 1967, pp. 191, 192 et note) se demande même si 'la harangue du vassal au souverain ingrat' ne

constitue pas un *topos* qui apparaîtrait déjà chez Salluste (*Guerre de Jugurtha*, ch. X) et Richer (*Histoire de France*, t. I, Paris, 1930, pp. 210 et 211).

65.   *Op. cit.*, p. 94.

66.   *Op. cit.*, pp. 162 et 174.

67.   Tubingue, 1975.

68.   Valeur qui selon l'*O.E.D.* apparaît en 1818 pour l'adjectif et 1855 pour l'adverbe. Les exemples moyen-anglais cités par H.Kurath et S.M. Kuhn (*Middle English Dictionary*, Lettre C, Ann Arbor, 1959, p. 235 col. 1) concernent de grands guerriers, Hector, Achille, un roi, un fils d'empereur, comme chez Gray, mais n'impliquent pas une théorie courtoise.

69.   *Roman de Rou*, édition A.J. Holden, SATF, t. II, Paris, 1971, vers 8415-8558.

70.   Du moins aux manuscrits Harley 53 et Lambeth 6. Cf. *The Brut or The Chronicles of England*, éd F.W.D. Brie, Early English Text Society, t. II, Londres, 1908, pp. 535-537 et 605-607.

71.   Catherine Lucy Wilhelmina, Duchess of Cleveland, C.L.W. Rowlett, *The Battle Abbey Roll*, Londres, 1889, t. I, p. VII.

72.   *Op. cit.*, t. II, pp. 534-537.

73.   *The Sources and Literature of English History from the earliest Times to about 1485*, 2e édition, Londres, 1915, §314.

74.   *A Bibliography of English History to 1485*, Oxford, 1975, § 555.

75.   *Op. cit.*, t. I, pp. XI-XII.

76.   D^esse de Cleveland, *ibid.*

77.   *Alliterative Poetry in Middle English*, Manchester, 2 vols, 1930 et 1935. Voir notamment vol. 1, pp. 195-379 ('The alliterative phrases...'). Voir aussi D.Pearsall, 'The origins of the alliterative revival', pp. 1-24 dans *The alliterative Tradition in the fourteenth Century*, éd. B.S. Levy et P.E. Szarmach, Kent, Ohio, 1981.

78.   *Op. cit.*, p. 218 et note.

79.   Selon T.D. Hardy, *Descriptive Catalogue of Materials relating to the History of Great Britain,* t. II, Londres, 1865, p. 539, cette chronique est conservée dans deux MSS du XVe siècle (Cambridge, Corpus Christi College 96 et B.L. Cotton Tiber. C.XVI) et a comme sources 'Florent' de Worcester, le *Brut d'Engleterre* et Higden. Sur John Brompton, voir le *D.N.B.*

80.   Cette liste 'Brompton' a bien survécu au moyen âge. Elle a été publiée à Paris en 1619 par André Duchesne (*Historiae Normannorum scriptores antiqui...*, pp. 1125-1126), à Londres en 1652 par Twysden (*Historiae Anglicanae scriptores X... Johannes Brompton Jornallensis... ex vetustis manuscriptis...*, vol. I, col. 963 à 965), encore à Londres en 1807 par F.Maseres (*Historiae anglicanae... Excerpta ex magno volumine cui titulus est:'Historiae Normannorum Scriptores antiqui'...*, pp. 371 et 372. Elle n'est pas présentée par la duchesse de Cleveland comme le Battle Abbey Roll, mais comme 'une autre liste extraite d'un manuscrit écrit par John Brompton... qui fut actif en 1199 ou vers la fin du règne du roi Richard...'[!], *op. cit.*, pp. IX-X.

81.   Londres, septembre 1943, pp. 129-147, 'Companions of the Conqueror'.

82. Joannis Lelandi Antiquarii *De rebus Britannicis Collectanea cum Thomae Hearnii Praefatione, Notis et Indice ad Editionem primam. Editio altera,* Londres, 1774, t. I, pp. 206-209.

83. *Op. cit.,* pp. 202-203.

84. Cf. D.C. Douglas, *art. cit.,* p. 137.

85. Cf. *G.E.C.,* t. V, Londres, 1910, pp. 628-631 et H.F. Delaborde, *Jean de Joinville et les seigneurs de Joinville,* Paris, 1894, pp. 224-226.

86. Cf. I.J. Sanders, *English baronies: a study of their Origin and Descent, 1086-1327,* Oxford, 1960, p. 20.

87. 'Sir Otho de Grandison, 1238?-1328', dans *Transactions of the Royal Historical Society,* Third Series, vol. III (1909), p. 178 n. 2.

88. *Art. cit.,* p. 125.

89. *Art. cit..* p. 171. C.L. Kingsford évoque avec une éloquence épique la renommée du vieux chevalier d'Edouard:
'...There is something of an epic quality in the story of his romantic career... his sound had gone out into all lands, and his fame unto the ends of the world. There was hardly a country of Christendom in the history of which he had not played his part. The mountains of Wales and the Marches of Scotland, the most southern lands of France and Italy, the islands of the West and the shores of the distant East, all bore witness to his fame...'

90. Dans la 'Complainte de Vénus' Chaucer a voulu
'To folowe word by word the curiosite
Of Graunson, flour of hem that make in Fraunce'.
(*The Riverside Chaucer,* 3e éd., Oxford, 1988, p. 649). Grandson et Chaucer apparaissent ensemble sur le registre de Jean de Gand entre 1375 et 1383.

91. C.L. Kingsford, *art. cit.,* p. 172.

92. *Op. cit.,* pp. XII-XVII.

93. Tome IV (Munich, 1989), col. 1702.

94. Pour les Gray de Heton, voir *G.E.C.,* t. VI, Londres, 1926, pp. 136-137.

95. Voir dans notre MS 133 les ff. 210 et 210v. Episode évoqué par A.Gransden, *Historical writing* II, p. 94 et J.Taylor, *E.H.L. in the 14th C.,* pp. 162 et 174. La témérité et la jeunesse du personnage ont inspiré à W.Scott le roman poétique du même nom qui parut en 1808 à Edimbourg. Pour l'analyse de ce roman et surtout de cette 'boldness... without qualification' voir J.H. Alexander, *'Marmion': studies in interpretation and composition,* Salzbourg, 1981, pp. 56-67.

96. Voir *G.E.C.,* t. VIII, Londres, 1932, p. 522.

97. Voir J.Stevenson, *op. cit.,* p. XXXIV.

98. Le Burke de 1953 (*op. cit.*) contient pp. 930 à 935 la généalogie du 5e earl Grey né en 1879, Charles Robert, qui fit la guerre de 1914-1918. Son lieu de séjour (Howick House, Howick, Alnwick, Northumberland), les armoiries qui ont été à la fois dessinées et décrites avec une échelle au-dessus du cimier confirment qu'il descend bien de Sir Thomas Gray, époux de Jane Mowbray, mort en 1402, et que nous croyons être le fils du chroniqueur. Mais à la place de celui-ci, et comme

auteur de la famille, est nommé 'Sir John Grey, Kt. of Berwick living in 1372'. S'agit-il de l'ancêtre le plus anciennement connu de J. Stevenson, de ce Sir John of Berwick mort vers 1246 (pp. XIV et XXXIV)? Sans doute y-a-t-il eu confusion et oubli du chroniqueur et de son père, car le *G.E.C.* (t. VI, p. 136, note 6) s'accorde avec J. Stevenson pour poser une suite Jean-Thomas père, chevalier-Thomas fils, chevalier et chroniqueur-thomas, époux de Jane Mowbray. Le *Debrett's* de 1990, p. 542, réserve une rubrique à Richard Fleming Georges Charles Grey, 6e earl et 7e baronet né en 1939. L'échelle est toujours présente.

99. Le mot patoys n'a pas encore le sens s'aujourd'hui, mais un sens plus vague de 'langue' ou 'variété linguistique', comme au f. 4v où il est question des variations du nom de Baal: '...lez folez gentz... ne tyndrent autres dieus, mais par diversité de patoys lez gentz lez appellerent Belus, lez uns Bel, lez autres Baal, Baalin...'

100. Cf. J.Vising, *op. cit.* p. 13. Ranulf Higden aurait vécu de 1299? à 1364?, Robert Holkot serait mort en 1349.

101. Cf. D.A. Kibbee, *For to speke French trewely. The French Language in England, 1000-1600: its Status, Description and Instruction,* Amsterdam, 1991, pp. 36-37, 60.

A PROPOS DE LA CULTURE SEIGNEURIALE

ANGLO-FRANÇAISE (MSS 37 ET 301)

Pour donner leur mesure et leur signification à ces manuscrits dont une partie est en français, et l'autre en latin, et afin de rappeler leurs auteurs, leurs utilisateurs et leur audience, il convient d'user ici de la notion de culture seigneuriale. La culture seigneuriale anglo-française est une des faces particulières de la culture nobiliaire ou aristocratique médiévale, et elle occupe une place intermédiaire en ce sens qu'elle surgit véritablement dans la première moitié du XIIIème siècle et s'épanouit au XIVème siècle, prenant appui sur le socle de la chevalerie, elle-même entièrement constituée comme système symbolique dès la seconde moitié du XIIème siècle. La culture seigneuriale anglo-française fut vivante jusque vers 1450 environ, après avoir été particulièrement brillante au XIVème siècle. Le dernier Statut dont la langue originale fût le français date de 1488, moment où le texte des Statuts, pour la première fois, fut rédigé en anglais seulement, donnant ainsi au règne d'Henri VII Tudor (1485-1509) un rôle de frontière dans la manifestation d'une conscience linguistique nationale promue par le gouvernement royal. Le premier document administratif seigneurial anglo-français qui ait été conservé date de 1170.[1] Pour la Magna Carta de 1215, premier des Statuts dans la cohorte des textes constitutionnels Britanniques, une copie française contemporaine des seules copies latines connues jusqu'ici, a été récemment découverte.[2] La diffusion d'une pratique courante du français comme langue politique et seigneuriale, aux côtés du latin, remonte sans doute au règne d'Henri II Plantagenêt.

La culture seigneuriale d'expression française, telle qu'elle s'affirma en Angleterre à partir du XIIIème siècle, y soutint naturellement le développement centralisateur de la monarchie et contribua de manière substantielle à ce qu'on a pu appeler la genèse médiévale de l'Etat moderne. Car elle fut d'abord, et surtout si l'on considère la masse des textes juridiques et judiciaires subsistants, une culture politique liée étroitement à la pratique jurisdictionnelle du roi et de ses vassaux. C'est à ce titre qu'elle devint la langue privilégiée de la classe seigneuriale qui s'appuyait spécialement sur la seigneurie rurale. A ce dernier niveau l'anglo-français fut particulièrement aussi la langue de la pratique seigneuriale sur le plan technique, agricole ou

157

médicale, chirurgicale ou vétérinaire. Il faudrait rattacher à cet aspect pragmatique de la culture seigneuriale anglo-française la forte proportion, parmi les manuscrits conservés, de littérature de morale pratique du type 'Proverbes' ou 'Dits des Sages' utiles à l'enseignement et à la prédication, ou à la composition de divers types de textes médiévaux.

I

A propos des deux manuscrits 37 et 301 de la Bibliothèque Parker, je voudrais m'attarder essentiellement sur une analyse de contenu et, en particulier, sur la signification du traité d'économie rurale, dans le manuscrit 301. Les deux manuscrits 37 et 301 de la bibliothèque de l'archevêque Parker me paraissent être par la nature et la diversité même de leur contenu, de bons exemples de manuscrits, produits et instruments de la culture seigneuriale de l'Angleterre médiévale. Tous deux sont écrits sur vélin et datent du XIVème siècle. Ces deux registres ont été compilés dans les 'scriptoria' de deux seigneuries monastiques du Kent pour servir de référence à la vie liturgique, administrative et économique de l'abbaye cistercienne de Boxley (MS 37) et de l'abbaye bénédictine de St. Augustin de Canterbury (MS 301).[3]

Sur le plan externe, le manuscrit 37 des Cisterciens de Boxley est un peu plus grand, et de facture et d'écriture plus soignées, avec l'utilisation de bleu et de rouge dans les initiales et sur les figures représentant les éclipses du soleil et de la lune illustrant la première partie astrologique et calendaire du manuscrit. Le manuscrit 301, un peu plus long mais de format plus petit avec une belle reliure moderne en pleine peau, contient une longue chronique et des annales (en Latin) du fameux et antique monastère bénédictin de St. Augustin de Canterbury s'arrêtant en 1316.[4] L'écriture est, ici, plutôt cursive et moins soignée. Cette partie historique (en latin) du manuscrit 301 correspond du fait de sa proportion à la partie astrologique, calendaire et mathématique (en latin) du manuscrit 37, c'est-à-dire à plus de la moitié des deux 'codices'.

En ce qui concerne leur contenu français le caractère technique ou pratique des textes apparentent les deux manuscrits. Ainsi après les éléments d'observation astronomique et des calendriers en Latin, le manuscrit 37 comporte un traité d'astrologie en français associé à un traité de médicine Hippocratique en latin où le diagnostic a une base astrologique 'Tractatus Ypocratis pro infirmitatibus per astronomiam cognoscendis'. Ce traité d'astrologie médicale s'étend sur 9 folios (ff. 52r-61r). Dans le manuscrit 301 il y a un écho de ces préoccupations médicales de la culture seigneuriale, mais à un niveau moins savant avec la recette contre la goutte (f.108v). Dans le manuscrit 301, c'est le traité d'économie rurale en français qui par sa longueur sur 8 folios illustre la visée pratique de la culture seigneuriale anglo-française. L'agronomie comme la médecine astrologique correspondent bien à la définition pragmatique du champ de la culture signeuriale.

Les autres éléments anglo-français des deux manuscrits ont essentiellement des références juridiques, économiques ou historiques. Ainsi dans le manuscrit 37 la longue liste des Châteaux, des Abbayes et des Prieurés d'Angleterre classés par comtés, s'étend sur 9 folios. Il s'agit d'une géographie militaire (avec le nom des châteaux) et surtout ecclésiastique donnant des précisions sur les abbayes et les prieurés d'hommes et de femmes distinguant les ordres par la couleur de l'habit. Entre les folios 75v et 76v sont copiés des extraits du Statut de l'Echiquier de date incertaine mais vraisemblablement du règne d'Edouard Ier, et un texte de 30 lignes en français intitulé 'Statuta de Districcionibus' qui ne se trouve pas dans l'édition de 1810 des 'Statutes of the Realm', ayant plutôt le format d'une 'Lettre Patente'.[5] Il y a aussi deux pétitions au Conseil, l'une sur les mines d'argent et l'approvisionnement du monnayage et l'autre contre les exactions commises par l'évêque de Lincoln et ses agents. La convocation devant l'Eyre et ses Juges itinérants (ff. 78r-78v) fait partie d'un ensemble de textes en latin avec la liste des comparaissants et des plaids tenus en 1321. Les règlements de police de la cité de Londres (ff. 84v-85r) voisinent avec une liste du prix du sac de laine selon les comtés (f.86v), et aux folios 88v-90r est copiée l'Ordonnance d'Edouard II de Décembre 1318 réformant l'Hôtel. Enfin deux documents concernant la bataille et la reddition de Berwick (1333) et deux autres des péripéties de la Guerre de Cent Ans: une bataille de Robert d'Artois contre les Français (1340), et la trêve de Malestroit entre Edouard III et Philippe VI (1343). Dans le manuscrit 301, nous trouvons aux folios 77v-78v et 101v deux textes des statuts royaux, concernant les Coutumes du Kent en matière de succession (gavelkind) et l'organisation de police fondée sur la répartition des hommes par dizaines supervisées par les 'capitales plegii' devant la moyenne justice seigneuriale (curia leta) du 'Visus Franciplegii', voisinant avec un traité de médecine vétérinaire concernant les chevaux (ff. 79r-81r) et finalement une recette contre la goutte au folio 108r.[6] Aux folios 102r-102v un lexique de termes juridiques anglo-saxons avec leurs interprétations en français ou en latin mêlait les trois langues parlées dans le royaume.

Ces deux registres comprennent des textes anglo-français recopiés pour leur valeur pratique sur le plan juridique, économique, médical ou vétérinaire. D'autres parmi ces textes témoignent de l'intérêt pour des événements militaires et diplomatiques contemporains dont on peut comprendre qu'ils aient pu provoquer quelque curiosité inquiète chez les administrateurs de ces abbayes du Kent. Il nous semble que les copistes de ces textes, de ces traités, de ces statuts ou de ces documents constituaient ainsi des dossiers d'archives et d'information technique pour un usage didactique ou de référence pratique sur le plan local.

II

Le plus significatif parmi tous les textes contenus dans ces deux registres est celui qui est intitulé 'De Gaynagio Terrarum'. Il s'agit d'une copie de ces deux traités d'économie rurale, celui de 'Walter de Henley' et la 'Husbondrie anonyme', composés en français, en Angleterre, dans la seconde moitié du XIIIème siècle, et qui sont le coeur même de cette Culture Seigneuriale anglo-française. En effet, leur inspiration profonde se rattachait à l'exigence d'une comptabilité rigoureuse dans la gestion de la production agricole seigneuriale, et à celle de prévision économique par la constitution de stocks. L'idée de mesure de la dépense seigneuriale était déterminée par une critique de la valeur chevaleresque de 'Largesse'.

Le texte du 'Walter' (ff. 69r-73v) précède, dans le manuscrit 301, le texte de la 'Husbondrie' (ff. 73v-76r) dite anonyme, et ils sont copiés l'un après l'autre sans césure. L'ordre des thèmes abordés dans les deux textes ne correspond pas, dans plusieurs passages, à celui des versions publiées par Elizabeth Lamond (1890) et Dorothea Oschinsky (1971).[7] Le texte du 'Walter' de notre manuscrit contient même un passage de 23 lignes intitulé 'Medicyne a berbyt malades' qui est absent de la version publiée en 1971.[8] Des différences textuelles de détail sur le plan du vocabulaire et de la syntaxe pourraient être collectées avec fruit. Dorothea Oschinsky avait recensé 84 manuscrits contenant un ou plusieurs des quatre traités, 'Walter', 'Husbandrie anonyme', 'Seneschaucie', 'Règles de Robert Grosseteste' qui servirent à la fin du XIIIème et au XIVème siècles à l'instruction de la noblesse et de la gentry, et des officiers chargés de gérer les domaines des grandes seigneuries laïques et ecclésiastiques. L'enseignement de la Common Law et celui de la gestion des seigneuries allaient de pair, et se faisait à Oxford, dès le XIVème siècle, et à Londres, non loin de la Curia Regis, où les 'Inns of Court', vers 1340-50, commencèrent à former des juristes, constituant ainsi la première université laïque du royaume.[9]

Walter de Henley composa son traité en se fondant sur la 'Seneschaucie' vers 1280-1290. La 'Seneschaucie' avait, sans doute, été, après les 'Règles de Robert Grosseteste' le premier texte à usage didactique concernant la gestion des seigneuries et le plus populaire à la fin du XIIIème et au XIVème siècles. En douze chapitres la 'Seneschaucie' passait en revue tous les officiers seigneuriaux, du 'seneschal' à la laitière ou 'daye'. Dans le douzième et dernier chapitre, l'ouvrage traçait un portrait prescriptif du bon seigneur dont le modèle était défini en 7 articles. Le seigneur était considéré comme l'officier principal de l'institution manoriale, et sa fonction était représentée comme la tête du corps, après les onze officiers manoriaux dont les qualifications et attributions étaient détaillées. La 'Seneschaucie' insistait sur les qualités morales et intellectuelles requises. Ainsi le comportement du seigneur devait être guidé par la loyauté, la franchise dans ses dires et ses actes, l'intégrité, et le discernement dans le choix de ses conseillers. Il devait ordonner l'audit annuel des comptes de ses manoirs, savoir évaluer profits et pertes, faire des tournées d'inspection avec des enquêteurs de sa propre maison pour inspecter les officiers sur place, et ensuite obtenir de ses agents comptables les rôles des comptes afin d'en prendre lui-même directement connaissance. Il y a, d'autre part, une filiation évidente entre la 'Seneschaucie' et les 28 Règles que Robert Grosseteste rédigea vers 1245 pour la Comtesse de Lincoln afin de 'garder et governer terres et hostels'. Un modèle de comportement pratique et de préceptes pour l'action y était déjà proposé. L'essentiel reposait sur l'exigence de la supervision personnelle du seigneur pour la comptabilité et la gestion de ses manoirs, et par conséquent de son bon niveau d'éducation et de formation juridique et administrative pour traiter des documents fort complexes sans s'en remettre à d'autres pour la tâche de contrôle.[10]

La substance morale et idéologique du texte de Walter de Henley dans le manuscrit 301, était contenue dans le prologue, du début du folio 69r jusqu'au second sous-titre souligné, i.e. depuis 'Le pere dyst a sun fiz' et 'Coment vos deuez vos terres apruer' jusqu'à 'Coment vos deuez estendre vos terres'. Ce prologue qui est plutôt succinct dans toutes les copies connues de Walter de Henley, a été considérablement développé sur les 360 vers transcrits au XIVème siècle par un disciple de Walter de Henley dans un manuscrit de la British Library, à Londres, le Cartulaire (inédit) des Barons de Mohun. Il convient d'écouter à nouveau la leçon de sagesse seigneuriale donnée par le 'prodome', dans sa vieillesse à son fils attentif.[11]

L'image de la 'roue de la fortune', que l'on retrouvait souvent chez les historiens anglo-normands comme symbole des vicissitudes humaines, était, ici, adaptée au problème de l'économie seigneuriale et de ses risques. Le long prologue versifié du 'Walter' copié dans le Cartulaire de Mohun montrait que la croissance de richesse assurait la croissance de noblesse, alors que pauvreté et déchéance était causée par 'fole despence a desmesure'.[12] La dépense mesurée aux rentrées, l'épargne même sont suggérées par la phrase: 'Si vous despendez par an la value de vos terres e la enpruement e une de ces chances vos suruyenge vos nauet ou recourir...'.[13]

'Coment vos deuez vos terres apruer' signalait la visée du profit ou 'surplus' par l'amélioration du rendement des terres arables et l'expansion des labours, comme par l'accroissement de l'élevage et du cheptel.[14] Il faut stocker les surplus. Le principal instrument d'une gestion rationnelle de la seigneurie, c'est le savoir technique défini tout au long du traité et d'abord et surtout les pratiques de l'estente et d'une comptabilité perfectionnée.

L'estente ou évaluation faisait connaître la valeur du revenu annuel de la seigneurie et la proportion du profit et du bénéfice obtenus par la réduction des coûts de production, par l'amélioration des pratiques culturales (labourage, élevage, fumure, marnage), et par l'investissement. L'estente déterminait aussi la marge de sécurité et la prévision de croissance. Elle démontrait aux administrateurs seigneuriaux les limites à ne pas dépasser en matière de dépenses. Le but était de produire un bénéfice ou un surplus à stocker et donc dépenser moins que la 'value' de ses terres mesurée en hausse, tous les ans, par l'estente. Surtout il fallait vivre du sien et ne pas être forcé de recourir à l'emprunt. Une dépense raisonnable et prudente, la constitution de réserves devaient permettre d'éviter les périls de l'endettement.[15]

Beaucoup plus que le court prologue du manuscrit 301, le long prologue versifié du Cartulaire de Mohun insistait sur la nécessité pour la morale seigneuriale, aimantée par la rationalité économique et plongeant ses racines dans l'éthique chevaleresque, de trouver un accommodement avec la valeur de Largesse qu'il fallait tempérer pour satisfaire la mesure. D'autre part le poème du Cartulaire de Mohun comportait une réflexion approfondie sur la parole seigneuriale, la parole de commandement, la parole de justice. Elle devait être mesurée et ne s'exercer qu'après sage conseil.[16] Le court prologue du manuscrit 301 se limitait sur ce point à quelques préceptes: 'Seez sage e en fetz...' 'Vostre bouche sagement gardez qe par reison ne pussez etre repris'.[17]

* * * * *

Les traités de gestion seigneuriale, dont une copie se trouve dans le manuscrit 301 de la Bibliothèque Parker, composés en Français au XIIIème siècle, en Angleterre, ont été généralement sous-estimés par les historiens de la société médiévale. C'est là qu'une analyse attentive permet de distinguer des attitudes et une mentalité seigneuriales gouvernées par la rationalité économique et choisissant des procédures de gestion favorisant la croissance de la production, et visant ce que l'on pourrait appeler déjà l'accumulation du capital agricole. La culture seigneuriale était constituée, en dernier ressort, par une morale de l'action économique et une morale du commandement des hommes au sein de la structure seigneuriale. Au rêve altier de la chevalerie qui la précéda et dont elle est issue, la culture seigneuriale ajouta une volonté de confrontation plus modeste et efficace avec 'les rugosités du réel'.[18]

Jacques Beauroy
C.N.R.S. -Université de Paris I Panthéon-Sorbonne.

163

NOTES

1. M.T.Clanchy, *From Memory to written Record, England, 1066-1307*, London, 1979, p. 169.

2. J.C.Holt, 'A vernacular French text of Magna Carta' dans *English Historical Review* (1974), pp. 346-64.

3. Sainte Marie de Boxley (Diocèse de Canterbury, près de Maidstone, Kent), abbaye de Cisterciens, venus de Clairvaux, fondée en 1146 par Guillaume d'Ypres, comte de Kent. On y gardait le célèbre crucifix ou 'Rood of Grace', rendu au Roi le 29 Janvier 1537; Saint Augustin de Canterbury, abbaye de Bénédictins (d'abord SS. Pierre et Paul, puis Saint Augustin), fondée en 605 par le roi Ethelbert. Saint Augustin de Canterbury (597-604) fut enterré sous le porche ainsi que ses six successeurs à l'archevêché.

4. MS 37: longueur 34cm., largeur 24.5cm., reliure moderne avec dos et coins en maroquin et moleskine verte sur les plats; MS 301: longueur 26.2cm., largeur 15.5cm., reliure moderne en pleine peau.

5. *Statutes of the Realm*, I, Londres, 1810, pp. 197-9.

6. *Statutes of the Realm*, I, Londres, 'Consuetudines Cantiae', pp. 223-5; Ib., Visus Franciplegii', pp. 246-7.

7. E.Lamond, éd., *Walter of Henley's Husbandry together with an anonymous Husbandry, Seneschaucie and Robert Grosseteste's Rules*, London, 1890; D.Oschinsky, éd., *Walter of Henley and other Treatises on Estate Management and Accounting*, Oxford, 1971.

8. MS 301, f.72v.

9. J.H.Baker, *The third university of England, the Inns of Court and the Common Law tradition*, Selden Society, London, 1990, p. 12; H.G.Richardson, 'Business training in medieval Oxford', dans *American Historical Review* (1941), pp. 259-80.

10. D.Oschinsky, *op. cit.*, p. 304.

11. British Library, Egerton MS, 3724, Register of the Mohun Family of Dunster (Somerset), ff. 39r, 39v, 40r, 40v (Cart. Mohun). Cf. J.Beauroy, 'Sur la culture seigneuriale en Angleterre au XIVème siècle: un poème anglo-normand inédit dans le cartulaire des Barons de Mohun', *Mélanges Georges Duby*, éds. C.Amado, G.Lobrichon, Paris-Bari, 1993 (à paraître) où est publiée une édition diplomatique du prologue (long) du 'Walter' en 360 vers.

12. B.L., Cart. Mohun, f.39r, vers 19.

13. MS 301, f.69r, lignes 9-10.

14. MS 301, f.69r, lignes 6-9.

15. MS 301, f.69r, lignes 34-43; 69v, lignes 1-2; Cart. Mohun, f.39r, vers 31-55. Voir pour le vocabulaire particulier de ces textes: F.Möhren, 'L'apport des textes techniques à la lexicologie: la terminologie anglo-normande de l'agriculture', dans *XIV Congresso Internazionale di Linguistica e Filologia Romanza, Napoli, 15-20 Aprile 1974*, Atti IV, Naples, 1977, pp. 143-157; Idem, Wort- und Sachgeschichtliche Untersuchungen an Französischen Landwirtschaftlichen Texten, 13, 14, und 18. Jahrhundert, Seneschaucie, Ménagier, Encyclopédie dans *Beihefte zur Zeitschrift für Romanische Philologie,* Band 197, Tübingen, 1986.

16.   Cart. Mohun, f.39v, vers 107-18; vers 185-99.

17.   MS 301, f.69r, lignes 18-19; lignes 24-25.

18.   G.Duby, *Guillaume le Maréchal ou le meilleur chevalier du monde*, Paris, 1984, p. 186.

FRAGMENTS ET FEUILLES DE GARDE

Dans un monde idéal, le chercheur médiéviste trouverait tous les textes en parfait état, finement calligraphiés, dans de beaux manuscrits à reliures solides, bien conservés. Comme on le sait, cela est loin de la réalité. Au cours des siècles, les livres du Moyen Age ont traversé tellement de crises, ont vécu tellement d'aventures, ont subi tellement de dégâts, qu'il ne nous reste probablement qu'un faible pourcentage de ce qui existait à l'origine, et de ce pourcentage de nombreux exemplaires sont dans un état pitoyable, fragile, fragmentaire. Cependant, les fragments, souvent réemployés comme feuilles de garde, peuvent être d'un très grand intérêt, parfois même ils sont les seuls témoins de grands monuments autrement disparus. En effet, c'est en grande partie à cause de la transmission imparfaite ou défectueuse des textes que le métier de médiéviste ressemble si souvent à celui d'un détective!

Je propose de faire ici le bilan des textes français fragmentaires qu'on peut trouver à la Parker Library, sous forme de feuilles de garde ou autrement.

Feuilles de Garde

Cette catégorie, qui est forcément fragmentaire, concerne des feuilles ayant fait partie d'un manuscrit déjà existant, mis ensuite en morceaux pour diverses raisons, afin que les feuilles servent de protection à un manuscrit nouvellement copié, ou comme élément d'une reliure. C'est le texte original du manuscrit fragmenté qui nous intéresse, non les notes ajoutées sur ces feuilles à des époques suivantes, que ce soit une question d'années ou de siècles.

1. De Manuscrits:

a) <u>Du même ouvrage ou du même atelier:</u>

MS 20: Cas intéressant, puisque les deux feuilles de garde portant un texte, correspondent à des folios à l'intérieur du texte principale de l'*Apocalypse*. La première, f.iii r/v, correspond au folio

24r/v; la deuxième, f.iv r/v, correspond au folio 14r/v. Seulement, les enluminures manquent, des espaces blancs les attendent; les lettres initiales en couleurs manquent aussi. Pourquoi ces deux pages ontelles été rejetées à cette étape première? La disposition du texte, l'espace laissé aux images et aux lettres initiales, correspondent parfaitement, à quelques détails près, aux pages principales. La comparaison des pages révèle quelques petites erreurs ou variantes de copie. Par exemple: f.24r on trouve 'e ceo serra moud en avant par un tens e par demi tens' au lieu de 'e ceo serra moud en avant par un tens *e par deus tens e* par demi tens' à la f.iii r. Pourtant, à la feuille de garde iv r, on lit 'Com sauk de haire neir estoit', ce qui semble être plus correct que le vers correspondant dans le texte principal, f.14r: 'Com sauk de haire venir estoit'. Ainsi, on ne peut pas dire catégoriquement que les feuilles rejetées soient défectueuses par rapport aux feuilles retenues. Quoi qu'il en soit, ces pages nous fournissent une belle démonstration des étapes consécutives de la création d'un manuscrit enluminé, y compris la façon dont les contours du cadre des illustrations s'adaptent librement aux espaces laissés par le copiste du texte.

b) D'autres ouvrages:

MS 8: La seule feuille de garde ici est extrêmement intéressante pour l'histoire de la musique. Il est très rare, de nos jours, de trouver une nouvelle source importante de musique médiévale. Le plus souvent, les nouvelles découvertes consistent en pages isolées, retrouvées dans d'autres livres comme feuilles de garde ou dans une reliure.

Ici, il s'agit d'une seule feuille à la fin du manuscrit, Ar-Av, de musique polyphonique de la fin du 13e siècle, qui n'a rien à voir avec le contenu principal du manuscrit, le *Speculum Historiale* de Vincent. La feuille Ar surtout est très connue des musicologues, puisqu'elle contient le seul exemple connu d'un motet avec texte anglais, *Worldes blisce, have god day*. A la feuille Av, cependant, on trouve une chanson française à trois voix, en style conductus, *Volez oyer le castoy*, qui rappelle à plusieurs égards le style d'Adam de la Hale. Sur ces feuilles, cependant, on voit des fragments d'oeuvres pieuses, plutôt du répertoire liturgique, et le numérotage qui survit en tête des pages démontre qu'à l'origine, ce fut un grand manuscrit de répertoire mixte assez caractéristique du 13e siècle.

MS 494: Les feuilles de garde de ce texte du 15e siècle, une traduction en moyen anglais de *La Somme le Roy*, sont particulièrement intéressantes. Il s'agit de deux feuilles du roman de *Lancelot* en prose, probablement du 13e siècle. Comme cela arrive souvent, ces feuilles sont en très mauvais état; le texte est effacé par endroit et les marges ont été coupées, ce qui rend difficile la lecture. Néanmoins, on remarque tout de suite que ces deux feuilles ne proviennent pas du même manuscrit; la main et le style sont différents. Plus surprenant encore est la découverte, que le texte du premier fragment (Bv-Br dans l'ordre du texte) dépasse de quelques lignes le début du deuxième fragment (Av-Ar), qui continue l'histoire. Voilà donc un cas curieux de pages de deux manuscrits différents d'un même texte, employés simultanément comme protéction pour un manuscrit ultérieur.

2. De livres imprimés (feuilles employées dans la reliure):

E-6-14: Retrouvées dans la reliure de ce livre imprimé à Francfort en 1550 (J.Brentius, *Esias Propheta Commentariis Explicatus*), ces deux feuilles d'un manuscrit du 13e siècle sont une nouvelle découverte. Il s'agit d'extraits de deux épopées du Cycle des Lorrains: de *Garin le Loherain* (ff.Av-Ar) et de *Gerbert de Metz* (ff.Bv-Br). Les marges ont été coupées, mais en général le texte est facile à lire. Le texte de *Gerbert de Metz* en particulier comporte de nombreuses variantes par rapport au texte publié dans l'édition de P.Taylor (Lille, 1952).

EP-D-6: Retrouvées dans la reliure de ce livre imprimé à Strasbourg en 1492 (Herolt, *Sermones discipuli*), sont deux feuilles d'un manuscrit du 13e siècle du roman de *Partonopeu de Blois*. Ces feuilles, en assez bon état et facilement lisibles, ont été employées par J.Gildea pour l'établissement du texte dans son édition (Villanova, 1967-70).

SP 257: Retrouvées dans la reliure de ce livre imprimé à Paris en 1530 (T. de Vio Caietanus, *Contra Lutheranos Quaestiones*), ces deux feuilles du 13e siècle sont apparemment tirées d'un texte autrement inconnu et inédit. Il s'agit d'un traité anglo-normand sur les péchés mortels. On y traite des vices et des vertus, des dangers de l'illégitimité, des fonctions du prêtre, et des oeuvres de charité. Le texte prend donc sa place dans le genre moralisant représenté par la

Summa virtutem ac vitiorum de Guillaume Perrault, mais ne correspond pas à des textes très connus tel que le *Manuel de Pecchez* de William de Waddington.

Fragments

1. Textes de nature fragmentaire:

Parfois il est dans la nature d'un texte d'être fragmentaire, sans que toutefois rien n'y manque. Tel est le cas de rubriques isolées qui accompagnent ou expliquent des images, par exemple, ou de titres dans un texte de langue différente.

MSS 26 & 16: Les deux tomes magnifiques de la *Chronica Maiora* de Matthew Paris, dont le texte principal est en latin, contiennent, en complément de texte, des pages exquises d'itinéraires, par exemple, où on trouve en français des noms de lieu et de courtes descriptions de pays ou de villes. A part les cartes, on trouve des schémas de vents comportant des noms en français et en anglais.

MS 110: Dans ce manuscrit de 458 pages du 16e siècle, parmi toutes les lettres et chartes en latin, on trouve à la page 141 quelques lignes en français précédant une lettre (en latin) concernant les droits du roi anglais en Ecosse: 'Ceo est la lettre le bon roy Edwarde, contenaunte le droit que nostre seigneur le roy ha, au roialme d'Escoce.'

MS 181: pp.276-277, à l'intérieur d'une *Liste des rois de France* en latin, quatre lignes sont en français: 'Philipus filius .xlii. an ot le jor de la touz sainz que il fut rois...' Le bilinguisme parfait de l'époque était tel que le copiste ne remarqua peut-être même pas qu'il avait changé de langue pour quelques phrases. Du point de vue du chercheur moderne, on pourrait parler d'un 'fragment' français intégré dans le latin, bien que le texte ne soit pas incomplet.

MS 297: On pourrait mettre dans cette même catégorie des textes d'apparence fragmentaire par le fait d'une alternance de phrases en langues différentes. Tel est le cas, par exemple, des intéressantes recettes, ff.161r-161v, pour la fabrication de couleurs:

'Pernez le vermilliun si.l mulez sur la pere ben pourmis sec. *Postea cum aqua et postea* si.l metez en *vestro cornu aut in alio* vase...'.

MS 468: On rencontre également de courtes phrases isolées quand il s'agit de citations. Tel est le cas, par exemple, dans le texte latin des *Prognostiques d'Esdras*, où figure une prédiction anciennement courante en Gaule ('*Olim dictum est in Gallia...*') concernant les quatre fils du roi Henri II: 'Li plus beus a Marthenus; li Marchis a Paris; le Petevin a Limozin; li Sanz tere mora en bere...'.

2. Gloses:

MS 23: Les gloses sont forcément fragmentaires, puisque distribuées de façon imprévisible dans un texte de langue différente, au hasard des exigences de l'enseignant ou du lecteur. Dans le MS de la *Psychomachia* de Prudentius, MS qui date du 11e siécle, nous trouvons sur 4 pages (ff.32v, 33r, 34r, 39v) de minuscules exemples de gloses anglo-normandes faites probablement fin 12e ou début 13e siècle.'

MSS 217, 460: Les gloses d'Alexander Nequam, dans ses *Corrogationes Promethei*, sont du même type. Nequam se sert de mots français pour expliquer des termes latins difficiles.

MS 438: Les gloses peuvent être ou bien interlinéaires ou inscrites dans la marge, droite ou gauche, supérieure ou inférieure. Dans cet *Herbarum*, ff.19r-54v, on trouve ajoutés dans les marges quelques noms de plantes en français et en anglais: *In gallico*: hermoyse; *in angl.* mugwed...'.

3. Notes ajoutées dans des espaces libres:

a) *A l'intérieur du manuscrit:*

MS 343: Dans ce manuscrit, contenant divers ouvrages en latin copiés au 14e et au 15e siècle, dans un espace libre, f.72r, on trouve quelques notes en français sur les poids et mesures: 'Le dener deit peser xx greinz de furment...'

MS 383: Dans les marges inférieures de quelques folios (ff.40v-42v) de ce manuscrit du 12e siècle, contenant principalement les *Leges Anglo-Saxonicae*, a été ajoutée probablement au 13e siècle, une quantité d'exorcismes et charmes, petits textes qui par leur nature pouvaient être glissés partout où il restait un peu de vélin libre.

MS 385: Ceci est vrai pour les expressions en latin avec leur traduction en français copiées dans une marge inférieure (f.67v) de ce manuscrit des 13e et 14e siècles contenant, entre autres ouvrages, la *Philosophia Secunda* de Guillaume de Conches.

b) En première ou en dernière page:

Cette catégorie concerne souvent des feuilles de garde, tel l'exemple du MS 171b.

MS 171b: sur les dernières feuilles de garde de ce manuscrit du 15e siècle contenant le *Scotichronicon* de Fordun, on trouve, ff.368r-367v, des notes de Gilbert le Haye sur l'itinéraire vers l'Orient. Ceci est très mal écrit et en plus il manque une partie de la marge droite, rendant le fragment encore plus fragmentaire.

MS 60: ajoutée par une deuxième main en dernière page, une *Tabula progenierum francie*, pour démontrer l'ascendance d'Edouard I, avec quelques notes d'explication en français: 'Pour declaracioun avoir de la table de sus escrite fait a remembrer que...'.

MS 117: A la fin du *Polychronicon* de Higden, on trouve en postscriptum une liste donnant les noms de ceux qui ont péri à la bataille de Humbledon Hill: f.160r: 'Ceux sount les noms des Countes, barons et baronettis pris et tuez...'.

MS 451: dans ce manuscrit de la fin du 12e siècle, une main tardive a ajouté à la dernière page un charme pour guérir les moutons: 'Primes deit l'em meitere tuz les berbiz en une meisun...'.

<u>4. Brouillons:</u>

On ne peut pas toujours distinguer entre notes et brouillons; les deux peuvent figurer sur des feuilles de garde, n'ayant rien à voir avec le contenu original de ces feuilles, mais étant ajoutés à n'importe quelle époque de l'histoire du manuscrit.

Si par brouillons nous entendons des notes préparatoires à la composition d'un texte plus important, nous pouvons peut-être en trouver quelques exemples parmi les manuscrits de Parker.

MS 365: f.1v on trouve trois phrases en un français apparemment défectueux, difficile à comprendre, mais qui pourraient être considérées comme une esquisse d'idées à développer. La troisième surtout pourrait facilement devenir une chanson: 'Avec moun cuer en qe e tout moun foy.'

MS 383: Ceci est certainement le cas dans ce manuscrit du 12e siècle contenant principalement les *Leges anglo-Saxonicae*, ou, dans la marge inférieure du f.12r, d'une main du 13e siècle, on trouve toute une suite de phrases en français de caractère lyrique: 'Ki ben est amé e bel ami a, ke li faut il?'. L'attention est surtout attirée par les phrases mentionnant des oiseaux: 'Tant hunt chacé cist oisel suz l'umbrage, ki estrif sunt', 'Le maviz dist ke dames de vasur deivent aver la seisine d'amour', 'Le rosinol dist ke ce serreit utraje'... Tout ceci devait être élaboré dans un poème ou dans une chanson typique de l'époque, le débat des oiseaux.

5. Gribouillages:

MS 213: Parmi divers gribouillages à la fin de ce manuscrit ayant appartenu au roi Henri V, on trouve, f.161r la devise royale 'Honny soit qi mal y pense' inscrite sur une jarretière, puis les plumes du Prince de Galles avec à côté la légende: 'loés soyt Deus'.

6. Signatures et dédicaces:

MS 133: Au début de ce manuscrit du 14e siècle contenant la *Scala Chronica* de Thomas Gray, on distingue difficilement la mention ensuite effacée: Si Dieu plet
A moy cest livre partient.
G.vft. Kyldare.

MS 213: Ce beau manuscrit des *Méditations de la vie Nostre Seigneur* de Saint Bonaventure fut copié pour le roy anglais

Henri V. Sur la feuille de garde figure une inscription à moitié effacée: 'Ce livre fu au roy Henry le Quint. Deu par sa grace ait mercy de son ame. Amen'. F.159, suite à quelques notes en anglais, on trouve le nom d'un possesseur ultérieur: 'Ce livre fut à la comtesse de Stafford'. Cette mention, cependant, est entièrement effacée et n'est lisible qu'à l'aide d'une lumière ultra-violette.

MS 230: A la fin de ce manuscrit du 12e siècle dont le contenu est entièrement en latin, on trouve une dédicace gribouillée du 13e siècle: 'A soun trecher amy Johan de Powey le sun'.

7. Restes de documents plus étendus:

MS 16: Au début de ce manuscrit, deuxième tome de la *Chronica Maiora* de Matthew Paris, on trouve plusieurs pages supplémentaires, dont certaines sont des copies de pages déjà présentés au début du premier tôme, MS 26. Dans le MS 16, les deux feuilles contenant des textes en français ont malheureusement été déchirées à quelque époque dans le lointain passé; seules les moitiés supérieures survivent. Il s'agit des folios .ii. et .v., qui, à l'origine, ont dû être ensemble, puisque la ligne de déchirure est identique sur chaque page. Les f.ii r/v et .v. r du MS 16 correspondent aux f.iii r/v et .iv. r du MS 26, c'est à dire la fin de l'itinéraire de Londres à Jérusalem, avec la carte de la Terre Sainte. On y remarque de nombreuses variantes importantes. Le revers, f. .v. du MS 16 présente la carte de la Grande Bretagne qui pourtant n'a pas d'équivalent dans le MS 26, bien que cette carte se retrouve dans le MS du British Library.

8. Textes incomplets:

[Je laisse de côté des textes tels qui les différentes versions du *Brut*, des chroniques jamais parachevées en ce sens qu'il n'existe pas de fin, tant qu'il n'existe une fin à l'histoire des races dont elles tracent le parcours, textes qui peuvent commencer à n'importe quel endroit suivant les exigences du moment et qui peuvent être continués par des générations consécutives.

Les textes abrégés, dont il existe des versions plus étendues, tel que le *Treitiz* de Bibsworth dans le MS 450, ne peuvent pas non plus être classés comme fragmentaires.]

a) Textes à l'origine complets:

MS 45: *Roman de Lancelot* (en prose). Malgré l'importance du texte, qui occupe 178 feuilles, le récit s'interrompt en milieu de l'épisode de la carole. Sans doute, à l'origine, il existait un deuxième tome, perdu probablement avant l'époque de l'archevêque Parker. Celui-ci fit relier le premier tome avec un livre complètement différent, relatant l'histoire des origines de la nation française plutôt que britannique, le *De origine prima gentis Francorum* de Bernardus Guido.

MS 476: Les collections de chartes et de statuts semblent être particulièrement sensibles à la perte de pages. Ceci arrive à la fin du *Statut* d'Edouard I (1293) dans ce manuscrit, où, f.172v, le texte s'arrête au milieu d'une phrase sans suite à la page suivante.

MS 482: Ce manuscrit, également du 14e siècle, contient grand nombre de statuts des trois rois Edouard, en latin et en français. Malheureusement, lors d'une reliure défectueuse au 18e siècle, l'ordre des pages fut complètement brouillé et en même temps quelques-unes furent perdues. Ceci malgré l'affirmation d'un possesseur de l'époque, J.Moore, qui indiqua sur les feuilles mêmes la suite logique, mais crut qu'il ne manquait que 15 ou 16 feuilles au début.

[On pourrait mentionner ici le fait que le MS 133, la *Scala Chronica* de Thomas Gray, a également subi une modification dans la suite originale des feuilles lors d'une reliure, mais cette fois, heureusement, sans perte du texte.]

b) Textes jamais achevés:

Dans cette catégorie, on pourrait classer certaines feuilles de garde qui ont été employées comme telles peut-être justement du fait qu'elles n'avaient pas été achevées. Parfois on y discernait trop d'erreurs, parfois peut-être la calligraphie n'était pas de la qualité désirée. On peut imaginer une quantité de raisons pour lesquelles des pages auraient été rejetées. Nous avons déjà vu, pour le cas du MS

20, l'emploi de pages d'un deuxième exemplaire comme feuilles de garde d'un premier exemplaire du même texte.

MS 195: Les feuilles de garde du MS 195 présentent un cas différent. Provenant d'un manuscrit du 13e siècle, elles n'ont rien à voir avec le *Chronicon S.Albani* de Walsingham qu'elles protègent. Il s'agit d'un commentaire en français sur les psaumes. Ce qui nous reste concerne les psaumes 16 et 17; le texte continue de la première feuille (aujourd'hui f.1v) à la deuxième (aujourd'hui f.248r). Ce qu'il y a de curieux, c'est que le dos de ces deux feuilles est resté blanc; cela est clair, bien que dans les deux cas, elles aient été collées sur un papier probablement du 18e siècle. Autrement dit, le début du commentaire du psaume 16, et la fin du commentaire du psaume 17, que l'on s'attend à trouver au dos de ces deux feuilles, n'y est pas. Ceci est extrêmement étrange, dans un texte pareil. Peut-être fut-ce une erreur du copiste, ce qui obligea à rejetter ces feuilles?

c) *Textes incomplets restaurés par une main tardive:*

Enfin, on peut constater que les textes incomplets à la suite de quelque accident dans le lointain passé, ne restent pas forcément incomplets. Parfois, le nouveau possesseur d'un manuscrit mutilé eut suffisamment de connaissances pour combler cette lacune en se référant à d'autres sources du même ouvrage. Tel fut certainement le cas de l'archevêque Parker qui, à maintes reprises, soutenu par toute une équipe de chercheurs et de secrétaires, trouva le moyen de réparer ces dégâts. Il faut dire en passant, qu'il ne se sentait pas restreint par les dispositions du conservateur ou du chercheur moderne. Très souvent, il changeait l'ordre de pages ou de textes, mettait dans un manuscrit une illustration prise dans un autre, faisait relier ensemble des manuscrits de caractère parfois très différent, séparait même dans un seul manuscrit deux parties qui connurent par la suite des destins différents (voir par exemple le MS 66a). On voit partout dans sa collection les traces de sa lecture et de son travail; on note en particulier ses paginations caractéristiques au crayon rouge.

MS 301: Dans ce manuscrit de 1300 environ, f.68v figure une lettre des comtes et des barons, en français, au sujet de l'élection d'un abbé à Saint-Augustin de Canterbury. Cette lettre se termine imparfaitement, mais la partie qui manque est ajoutée par une main du 16e siècle, sur les deux dernières des quatre petites feuilles de papier, insérées à cet endroit. Evidemment, en tant qu'archevêque de Canterbury, Parker était bien placé pour chercher le texte qui manquait.

Nigel Wilkins
Corpus Christi College, Cambridge

Les manuscrits français de la bibliothèque Parker

Corpus Christi College

Cambridge

Préface   3

Philippe Ménard   Le recueil de *Proverbes*
                         du MS 450   5

Elspeth Kennedy   Le *Lancelot en prose* (MS 45)   23

Danielle Quéruel   La *Chronique d'un ménestrel de
                         Reims* (MS 432)   39

Françoise Ferrand   Approche du MS 20: art, théologie
                         et politique dans le domaine
                         anglo-français au XIVe siècle   69

René Stuip   L'*Histoire des Seigneurs de
                         Gavre* (MS 91)   87

Diana B. Tyson   Les manuscrits du *Brut* en prose
                         française (MSS 50, 53, 98, 133, 469)   101

Jean-Claude Thiolier   La *Scalacronica*: première approche
                         (MS 133)   121

Jacques Beauroy   A propos de la culture seigneuriale
                         anglo-française (MSS 37 et 310)   157

Nigel Wilkins   Fragments et feuilles de garde   167

******